PART—1

大《おお》いなる宇宙《うちゅう》の果《は》てまで

21世紀《せいき》——それは、人類《じんるい》が宇宙《うちゅう》へ飛《と》び出《だ》す時代《じだい》だ。

われわれは、太陽系《たいようけい》を越《こ》えて銀河系《ぎんがけい》へ、そしてさらに遠《とお》い宇宙《うちゅう》の果《は》てまで征服《せいふく》するかも知《し》れない。人類《じんるい》の夢《ゆめ》は無限《むげん》に広《ひろ》がっていく。しかし、宇宙《うちゅう》ははかり知《し》れないほど大《おお》きく、しかも多《おお》くの危険《きけん》をはらんだ空間《くうかん》だ‼

宇宙《うちゅう》にはばたく
——スペース・シャトル

人類《じんるい》が月《つき》へ偉大《いだい》な第《だい》一歩《ぽ》を踏《ふ》みいれたとき、多《おお》くの星《ほし》がより身近《みぢか》なものになった。それらの星《ほし》を訪《おとず》れるのが、われわれ人類《じんるい》の次《つぎ》の目標《もくひょう》だ。

しかし、遠大《えんだい》な計画《けいかく》の前《まえ》には、さまざまな問《もん》題《だい》が山積《さんせき》している。なかでも最大《さいだい》の問題《もんだい》の一つは、地球《ちきゅう》の重力《じゅうりょく》を振《ふ》りきって宇宙空間《うちゅうくうかん》へ飛《と》び出《だ》すことだ。そこで登場《とうじょう》するのが、地球《ちきゅう》との連絡《れんらく》をとる中継基地《ちゅうけいきち》＝スペース・シャトルだ。

この宇宙船《うちゅうせん》は、空想《くうそう》のものでなく、すでに開《かい》発《はっ》が進《すす》み、実現《じつげん》するのもさほど遠《とお》くはない。

1980年《ねん》　宇宙旅行《うちゅうりょこう》の幕開《まくあ》け

★すでに飛行《ひこう》実験《じつけん》を開始《かいし》しているアメリカのスペース・シャトル(上《うえ》)と、宇宙《うちゆう》で活《かつ》やくするその勇姿《ゆうし》の想像図《そうぞうず》。

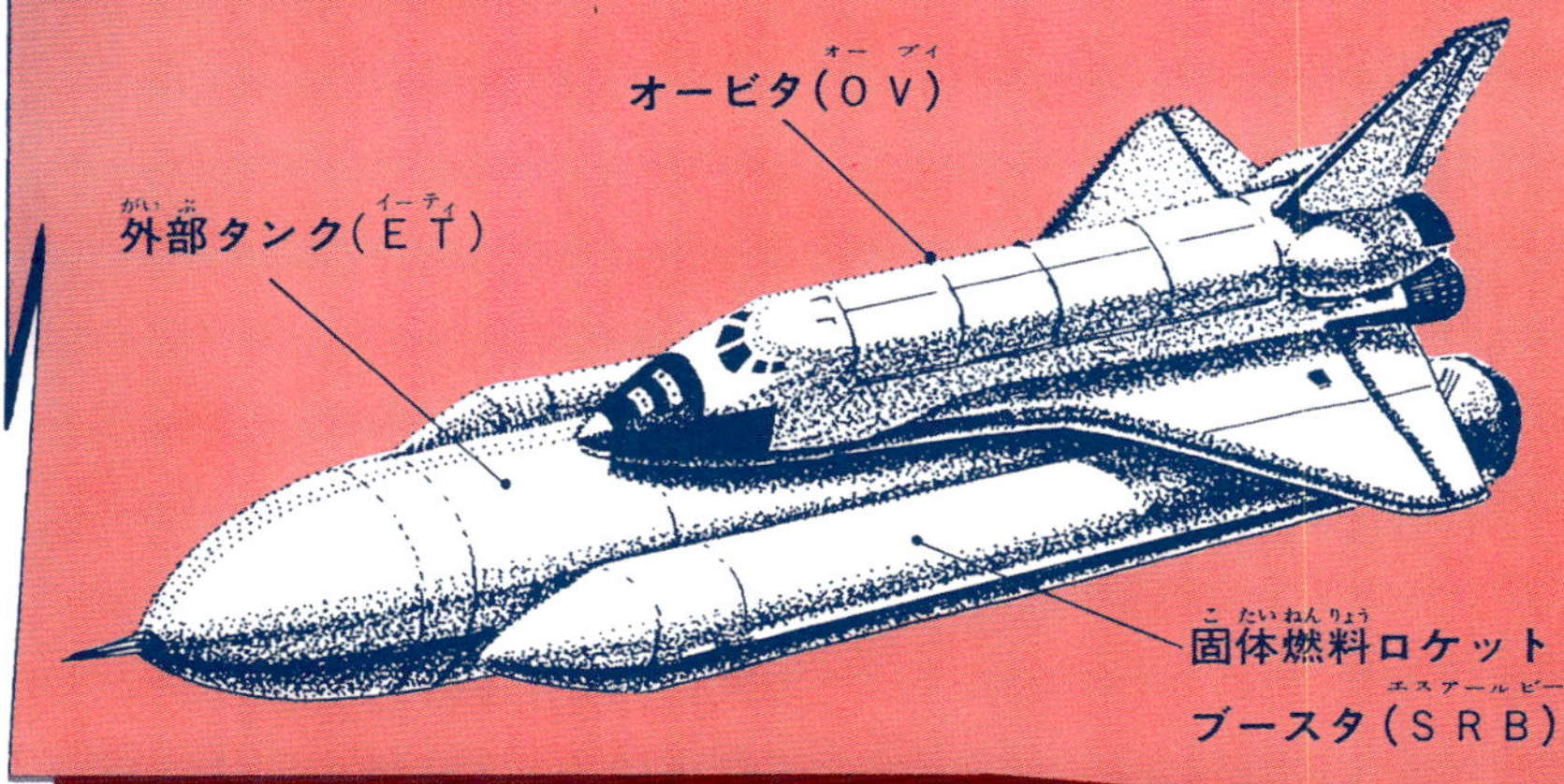

シャトルは、オービタ（軌道艇《きどうてい》）、ブースタ（固体燃《こたいねん》料《りょう》補助《はじょ》）、外部《かいぶ》タンク（液体燃料《えきたいねんりょう》）で構成《こうせい》されている。

スペース・シャトルの全《ぜん》ぼう

シャトルとは、織《お》り物《もの》機械《きかい》についている横糸《よこいと》を通《とお》す部分品《ぶぶんひん》の名称《めいしょう》だ。これは、つねに往復《おうふく》のピストン運動《うんどう》をくり返《かえ》している。そこから二点《てん》の間《あいだ》を結《むす》んで、連続的《れんぞくてき》に往復《おうふく》する交通機関《こうつうきかん》のことをシャトルという。すなわち、スペース（宇宙《うちゅう》）と地上《ちじょう》を結《むす》ぶ往復交通《おうふくこうつう》機関《きかん》が、スペース・シャトルというわけだ。

スペース・シャトルのシステム

シャトルの発進《はっしん》は、ロケットで打《う》ち上《あ》げる。帰還《きかん》の時《とき》は、オービタが超音速《ちょうおんそく》グライダーになって、空港《くうこう》に着陸《ちゃくりく》する。

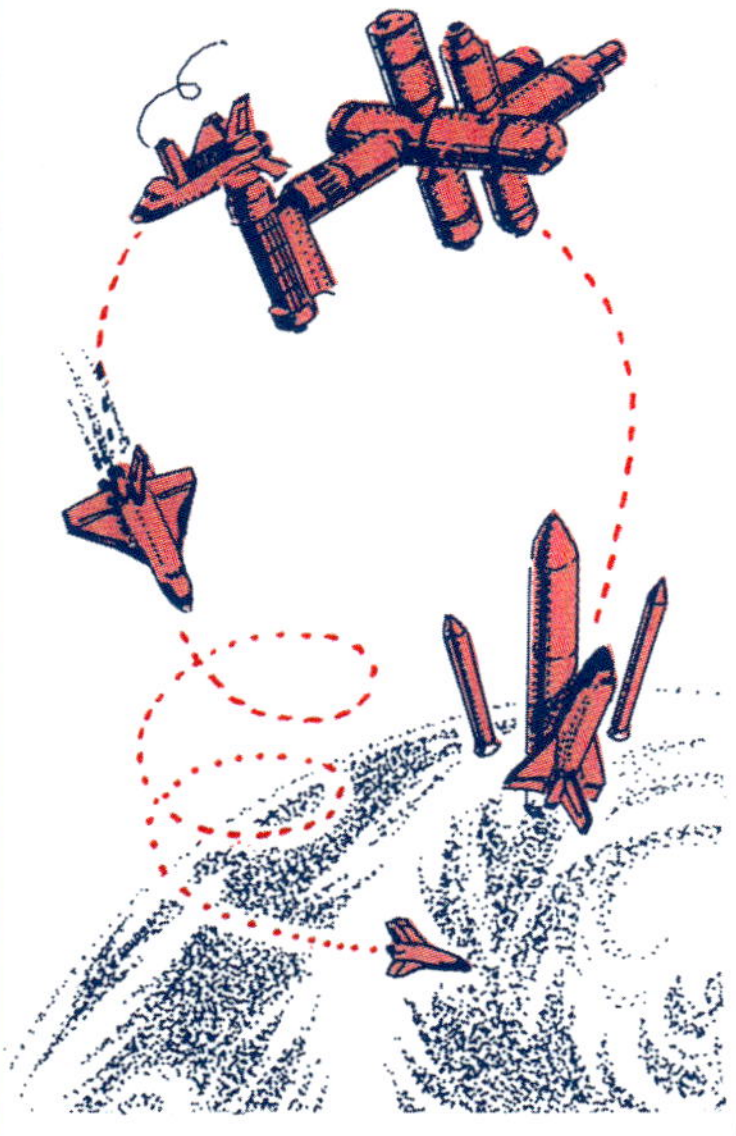

これがスペース・シャトルの内部《ないぶ》だ!!

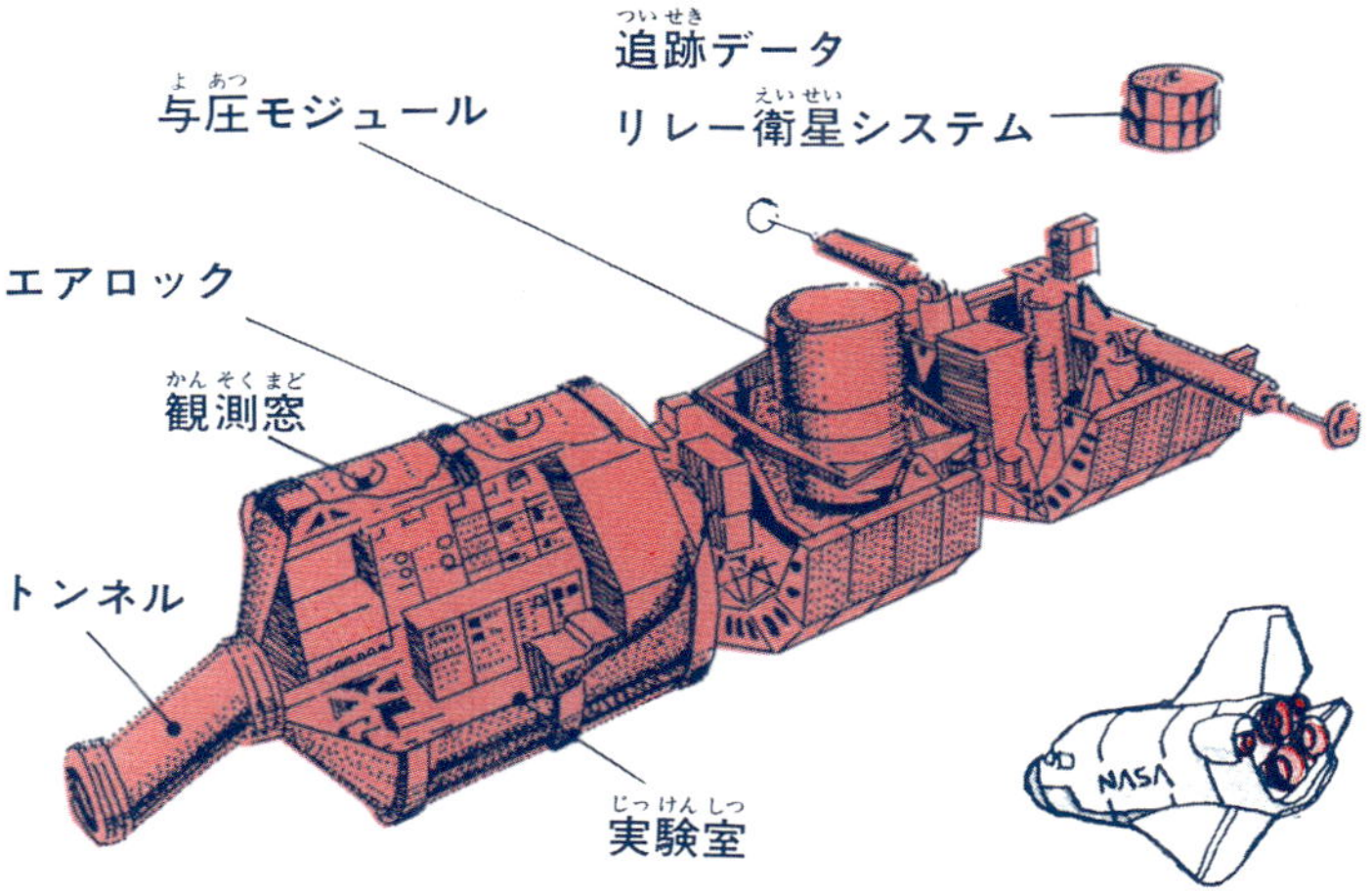

スペース・シャトルの役割《やくわり》

宇宙《うちゅう》をさぐる スカイ・ラブ

スカイ・ラブにおける主《おも》な研究活動《けんきゅうかつどう》は、❶地球観測《ちきゅうかんそく》、❷生命科学《せいめいかがく》、❸宇宙医学《うちゅういがく》、❹大気科学《たいきかがく》、❺金属材料《きんぞくざいりょう》の製造実験《せいぞうじっけん》、❻通信《つうしん》・航行技術《こうこうぎじゅつ》などだ。

スペース・シャトルが、スカイ・ラブ（宇宙研究室《うちゅうけんきゅうしつ》）を宇宙《うちゅう》へ運《はこ》ぶ。これを中心《ちゅうしん》にやがて巨大《きょだい》な宇宙《うちゅう》ステーションが完成《かんせい》するのだ。

宇《う》宙《ちゅう》ステーションの危《き》機《き》!!

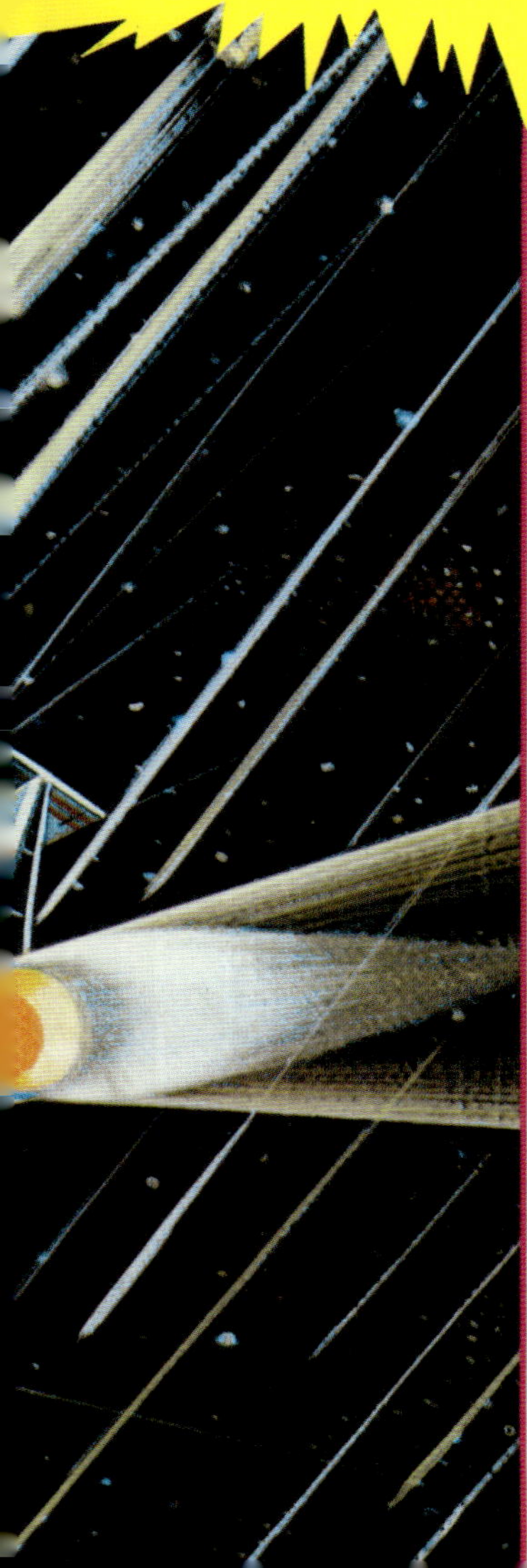

スペース・シャトルの活《かつ》やくによって、地《ち》球《きゅう》の衛《えい》星《せい》軌《き》道《どう》上《じょう》に巨《きょ》大《だい》な中《ちゅう》継《けい》基《き》地《ち》＝宇《う》宙《ちゅう》ステーションが完《かん》成《せい》した。ここは、より遠《とお》くの宇《う》宙《ちゅう》へ旅《りょ》行《こう》するロケットが、燃《ねん》料《りょう》の補《ほ》給《きゅう》に立《た》ち寄《よ》ったり、宇《う》宙《ちゅう》に関《かん》するさまざまな科《か》学《がく》研《けん》究《きゅう》を行《おこな》う基《き》地《ち》だ。

しかし、宇《う》宙《ちゅう》では突《とつ》然《ぜん》の危《き》機《き》にみまわれることがしばしばだ。この日《ひ》もステーションのレーダーは、大《だい》流《りゅう》星《せい》群《ぐん》の接《せっ》近《きん》を報《ほう》じた。ものすごい速《はや》さで接《せっ》近《きん》して来《く》る流《りゅう》星《せい》の雨《あめ》。緊《きん》張《ちょう》するステーション内《ない》部《ぶ》。

ただちに軌《き》道《どう》修《しゅう》正《せい》ロケットの噴《ふん》射《しゃ》によって、巨《きょ》大《だい》な城《しろ》は危《き》険《けん》を避《さ》けようとした。

だが、時《とき》おそく幾《いく》つかの小《しょう》流《りゅう》星《せい》は、ステーションに接《せっ》触《しょく》した。このままでは、ステーション内《ない》の人《ひと》々《びと》が全《ぜん》滅《めつ》してしまう。

緊《きん》急《きゅう》指《し》令《れい》により、宇宙救助隊《スペース・レスキュー》が出《しゅつ》動《どう》した。じん速《そく》な行《こう》動《どう》で次《つぎ》々《つぎ》と故《こ》障《しょう》個《か》所《しょ》を修《しゅう》理《り》していく隊《たい》員《いん》たち。彼《かれ》らのおかげで、ステーションの安《あん》全《ぜん》が保《たも》たれた。

1995年《ねん》 宇宙旅行《うちゅうりょこう》の発展《はつてん》

宇宙《うちゅう》を征服《せいふく》するロケット

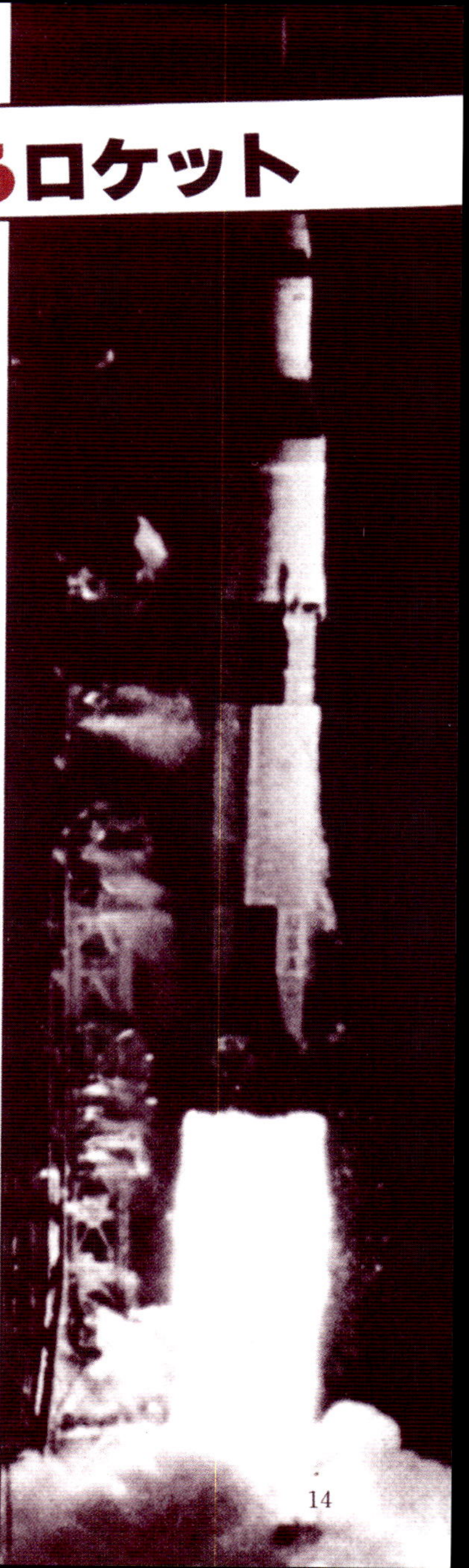

原子力《げんしりょく》を動力《どうりょく》にすると、燃料《ねんりょう》はずっと少《すく》なくてすむ。また、長時間噴射《ちょうじかんふんしゃ》が可能《かのう》なので、それだけスピードも大《おお》きくできる。ところで原子力《げんしりょく》ロケットの推進方法《すいしんほうほう》は、2種類《しゅるい》ある。

①熱交換方式《ねっこうかんほうしき》ロケット＝原子力《げんしりょく》による発生熱《はっせいねつ》をそのまま推進剤《すいしんざい》に伝《つた》えて、高温《こうおん》・高圧《こうあつ》のガスを噴射《ふんしゃ》させる。

②電気推進《でんきすいしん》ロケット＝原子力《げんしりょく》をまず電力《でんりょく》に変《か》えて、推進剤《すいしんざい》を加速《かそく》、噴射《ふんしゃ》させる。

原子力《げんしりょく》ロケットによって、人類《じんるい》の宇宙計画《うちゅうけいかく》は、また一歩大《ぽおお》きく前進《ぜんしん》するのだ。

■現在《げんざい》のロケット

- ●化学燃料《かがくねんりょう》
  - 固体《こたい》ロケット
  - 液体《えきたい》ロケット

■未来《みらい》のロケット

- ●原子力燃料《げんしりょくねんりょう》
  - イオン・ロケット
  - プラズマ・ロケット
  - 光子《こうし》ロケット

イオン・ロケット

＋《プラス》の電気《でんき》を帯《お》びた粒子《りゅうし》は、－《マイナス》の電気《でんき》に引《ひ》っぱられるという物理的《ぶつりてき》な性質《せいしつ》をもっている。これを利用《りよう》して、水銀《すいぎん》などにふくまれているイオンを電気的《でんきてき》に加速《かそく》、噴射《ふんしゃ》するのが**イオン・ロケット**だ。

しかし、このロケットは推進力《すいしんりょく》が小《ちい》さく、地上《ちじょう》から直接《ちょくせつ》には打《う》ち上《あ》げられないので、他《ほか》のロケットで軌道《きどう》まで導《みちび》いてやるのだ。

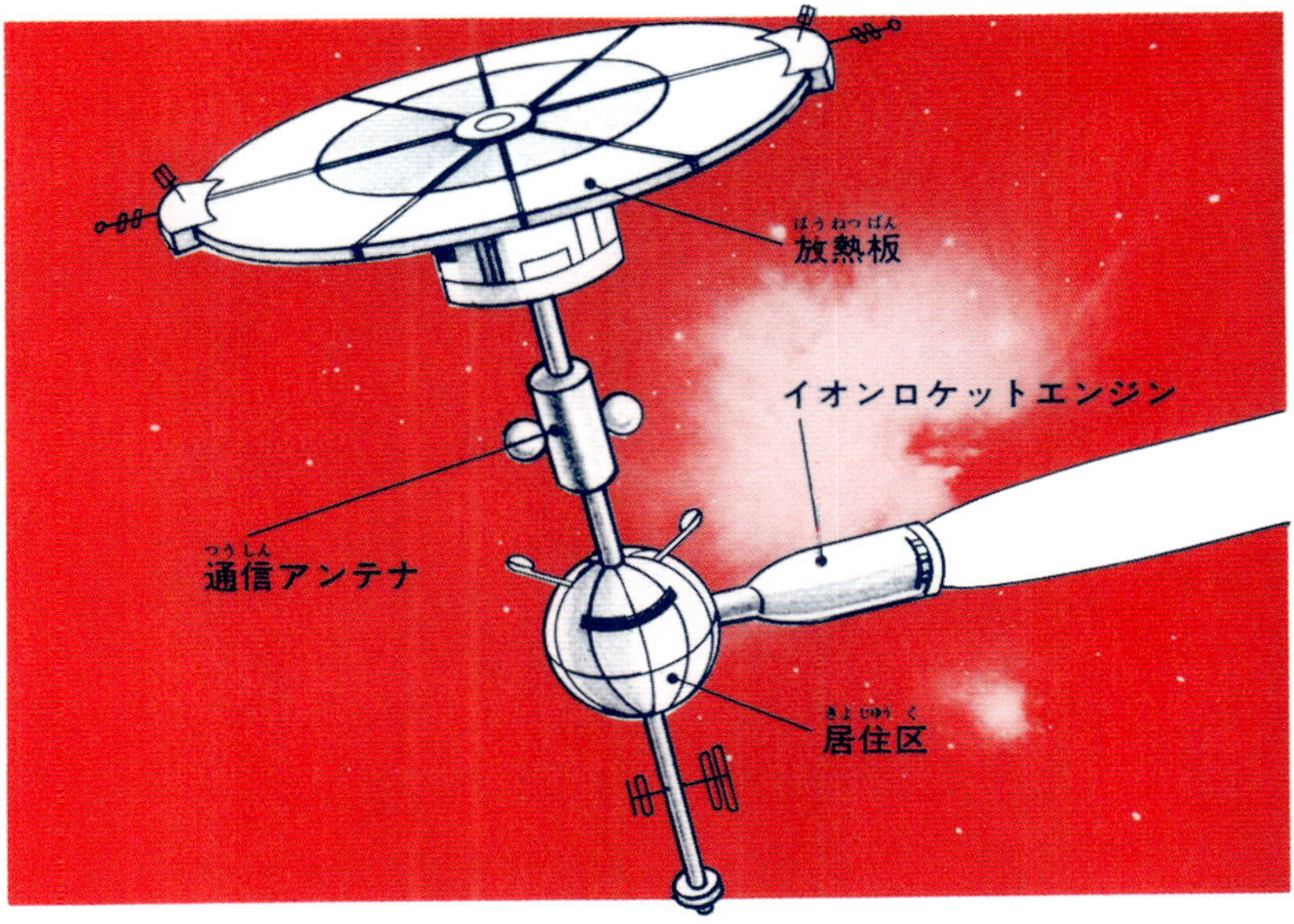

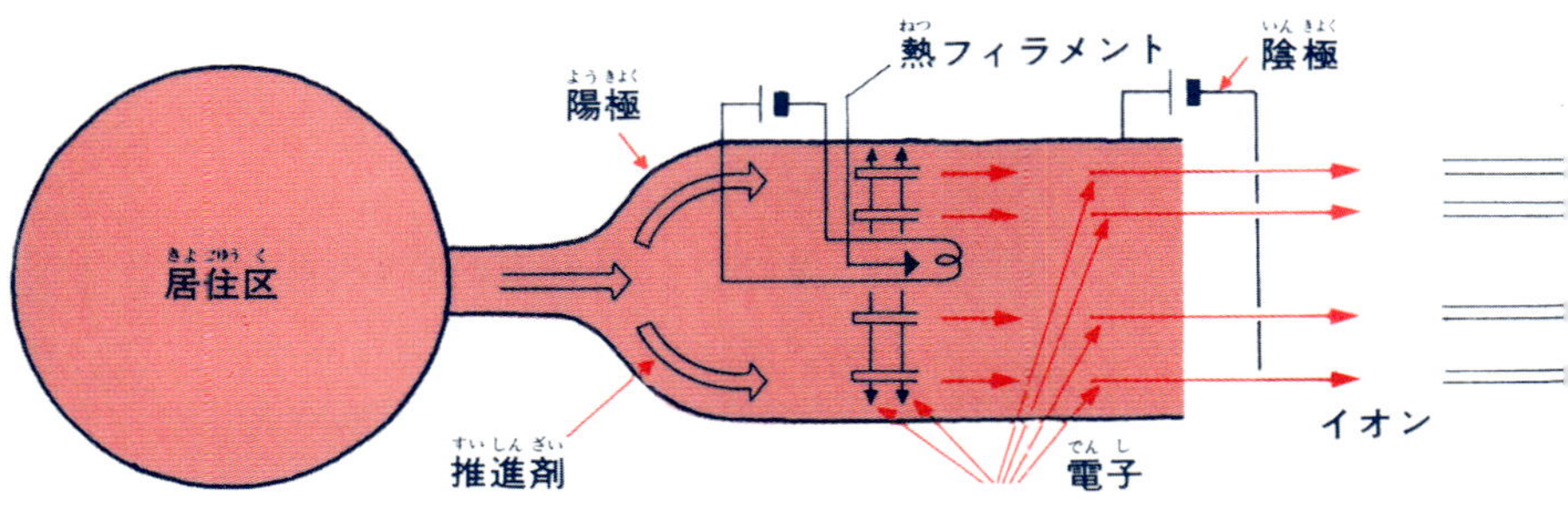

大宇宙《だいうちゅう》のエース

進《すす》め!! 宇宙《うちゅう》ロケット部隊《ぶたい》

もっと遠《とお》い宇宙《うちゅう》へ――人類《じんるい》の夢《ゆめ》は果《は》てることを知《し》らない。その主役《しゅやく》となるのが、さまざまな形《かたち》の宇宙《うちゅう》ロケットだ。行《い》け!! 大《おお》いなる宇宙《うちゅう》の果《は》てまで――!!

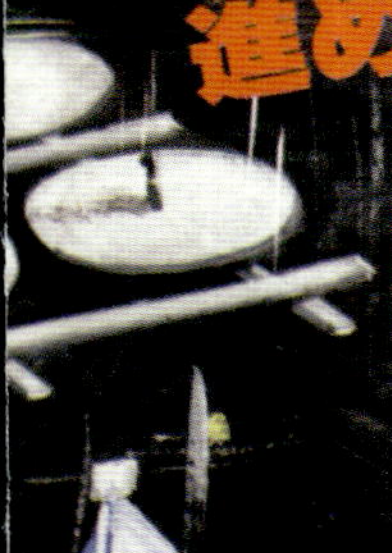

宇宙《うちゅう》ステーション

これが宇宙空間《うちゅうくうかん》だ!!

さて、人類《じんるい》が大《おお》きな夢《ゆめ》を託《たく》している宇宙《うちゅう》とはどんな所《ところ》なのだろうか。その特徴《とくちょう》をいくつかあげてみよう。

①宇宙《うちゅう》は真空《しんくう》である。

②宇宙《うちゅう》には星間物質《せいかんぶっしつ》がある。

③宇宙《うちゅう》は、今《いま》も膨張《ぼうちょう》しながら広《ひろ》がって進化《しんか》している。

④宇宙《うちゅう》は、銀河系《ぎんがけい》のような無数《むすう》の「島宇宙《しまうちゅう》」で構成《こうせい》されている。

光子《こうし》ロケット
イオンロケット
宇宙《うちゅう》ヨット
1999年《ねん》 より遠《とお》い宇宙《うちゅう》へ

プラズマ・ロケット

プラズマというのは、**＋**《プラス》と**－**《マイナス》の電荷《でんか》（物体《ぶったい》が帯《お》びている静電気《せいでんき》の量《りょう》のこと。これには**＋**《プラス》と**－**《マイナス》の二《ふた》つの性質《せいしつ》がある）を持《も》っている粒子《りゅうし》が、同《おな》じ密度《みつど》に分布《ぶんぷ》して、全体《ぜんたい》として電気的中性《でんきてきちゅうせい》を保《たも》っている物質《ぶっしつ》の状態《じょうたい》をいう。このような性質《せいしつ》を持《も》ったプラズマを、高温《こうおん》の状態《じょうたい》にしてから噴射《ふんしゃ》させて飛行《ひこう》するのが**プラズマ・ロケット**だ。

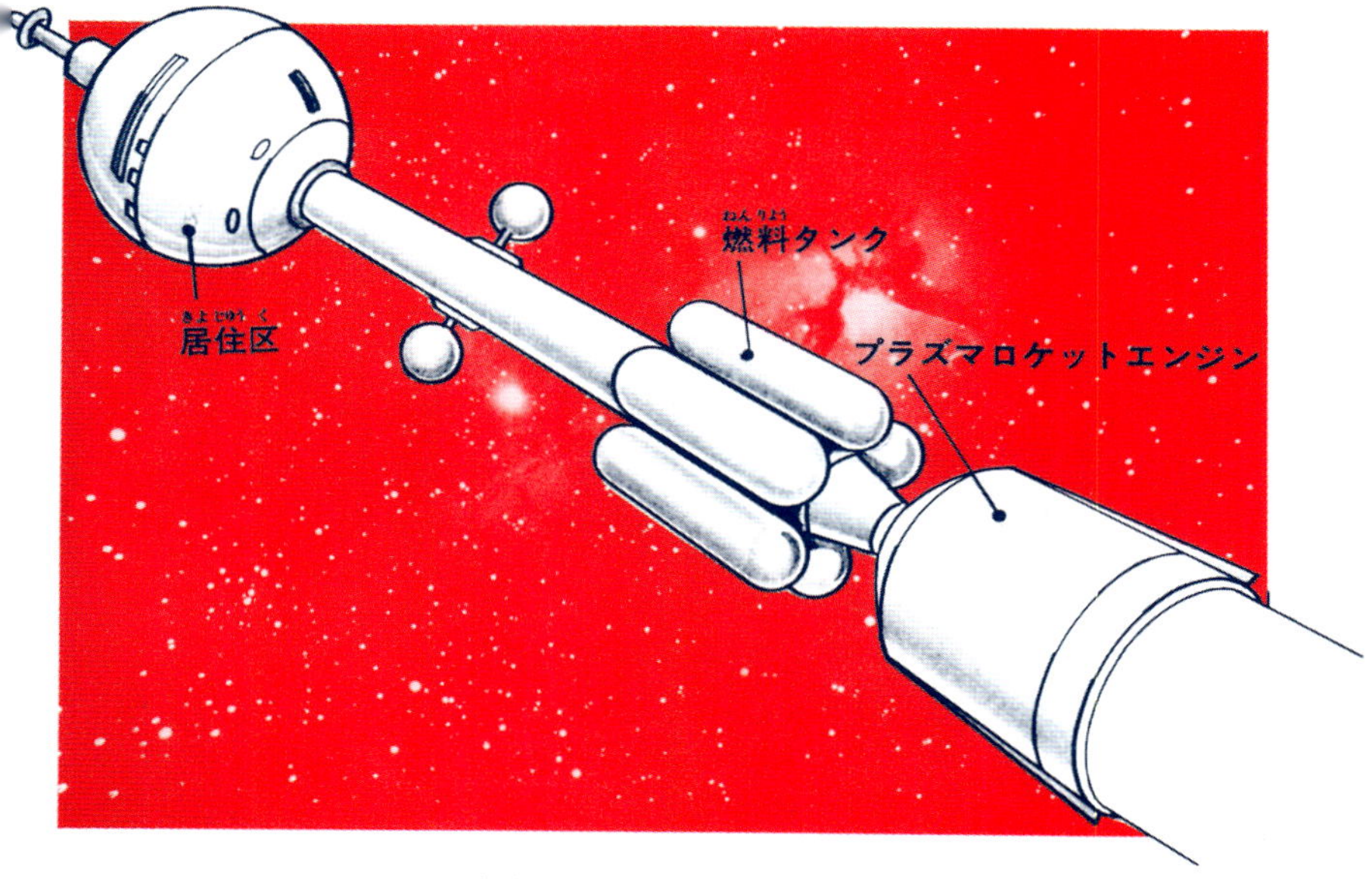

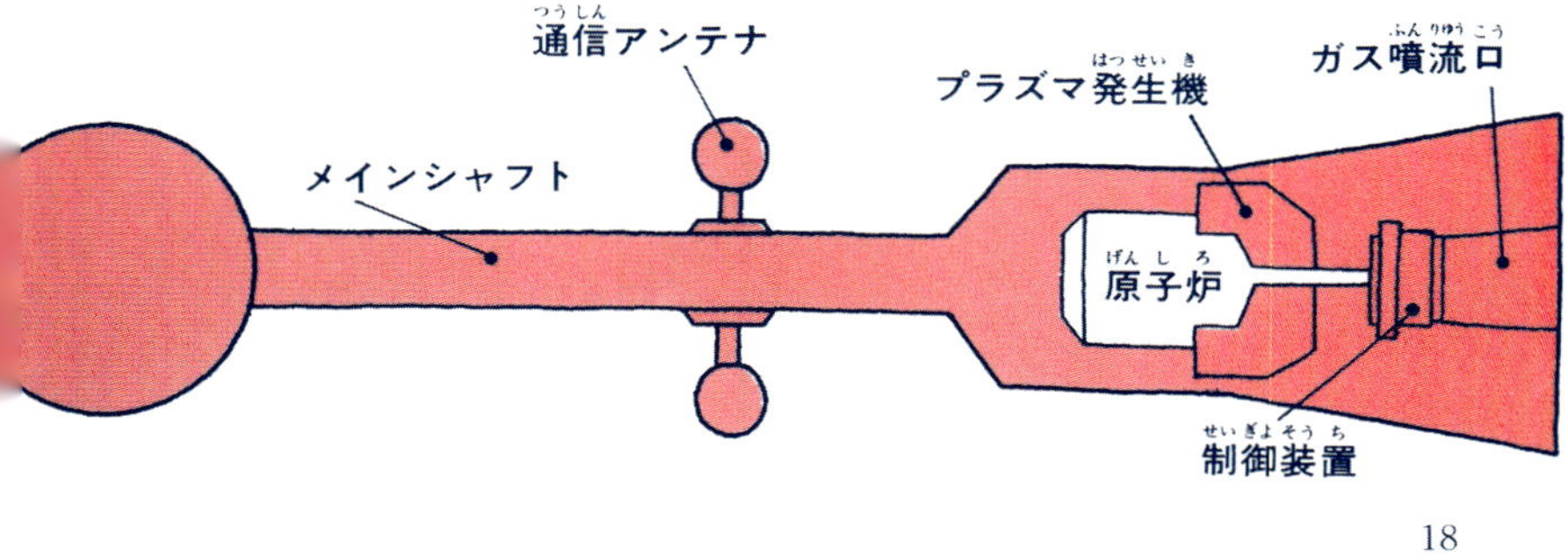

光子《こうし》ロケット

この世界《せかい》で最《もっと》もスピードが速《はや》いのは光《ひかり》だ。(秒速《びょうそく》30万《まん》キロメートル)

無限《むげん》にある光《ひかり》をロケットの推進力《すいしんりょく》に使《つか》ったのが光子《こうし》ロケットだ。光子《こうし》というのは、光《ひかり》を一種《しゅ》の物質《ぶっしつ》と考《かんが》えた、光《ひかり》の素粒子《そりゅうし》の意味《いみ》。

このように光子《こうし》を利用《りよう》すれば、少《すこ》しでも光速《こうそく》に近《ちか》いスピードが得《え》られるはずである。 素粒子《そりゅうし》＝物質《ぶっしつ》の最小《さいしょう》の単位《たんい》

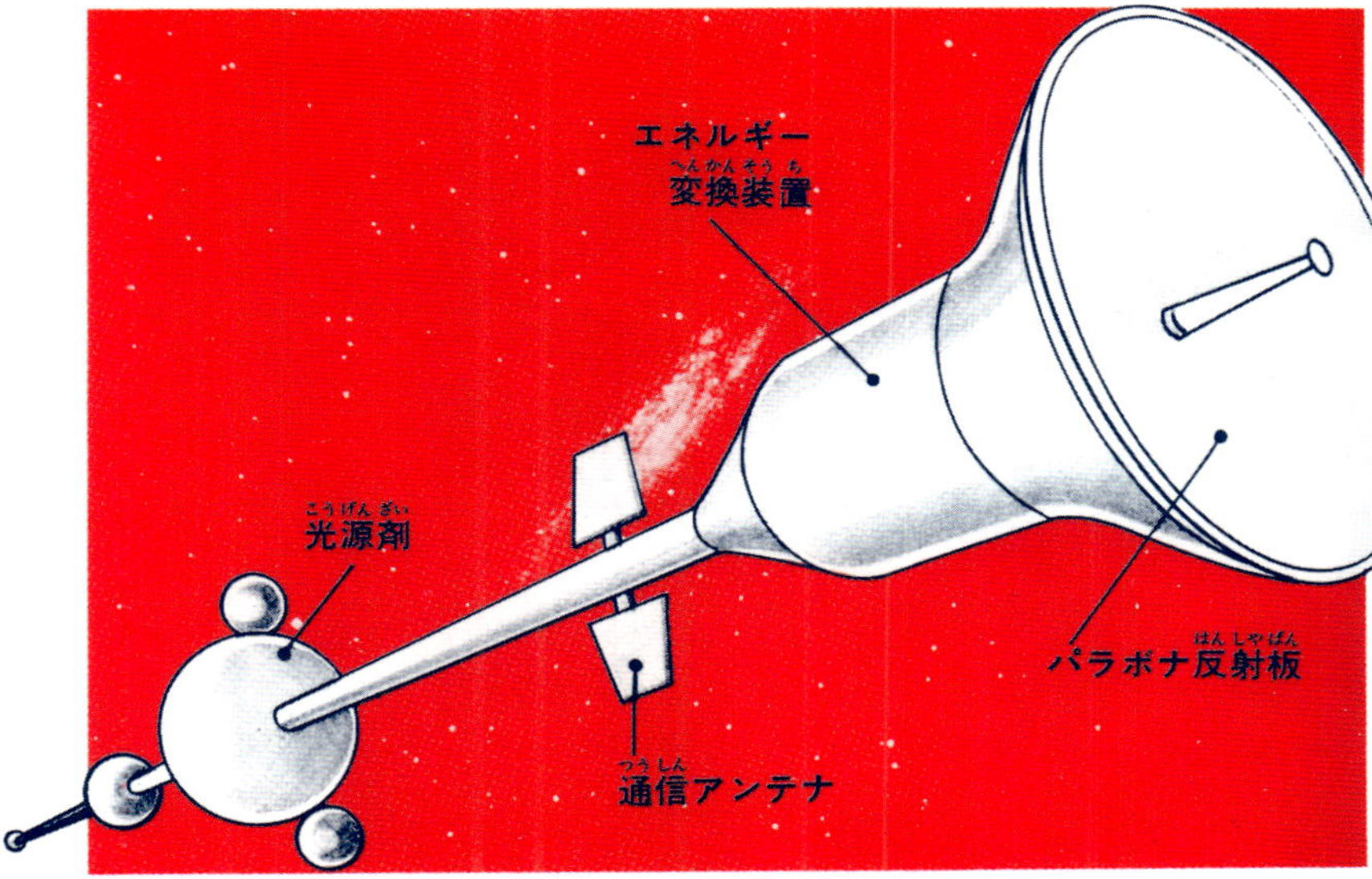

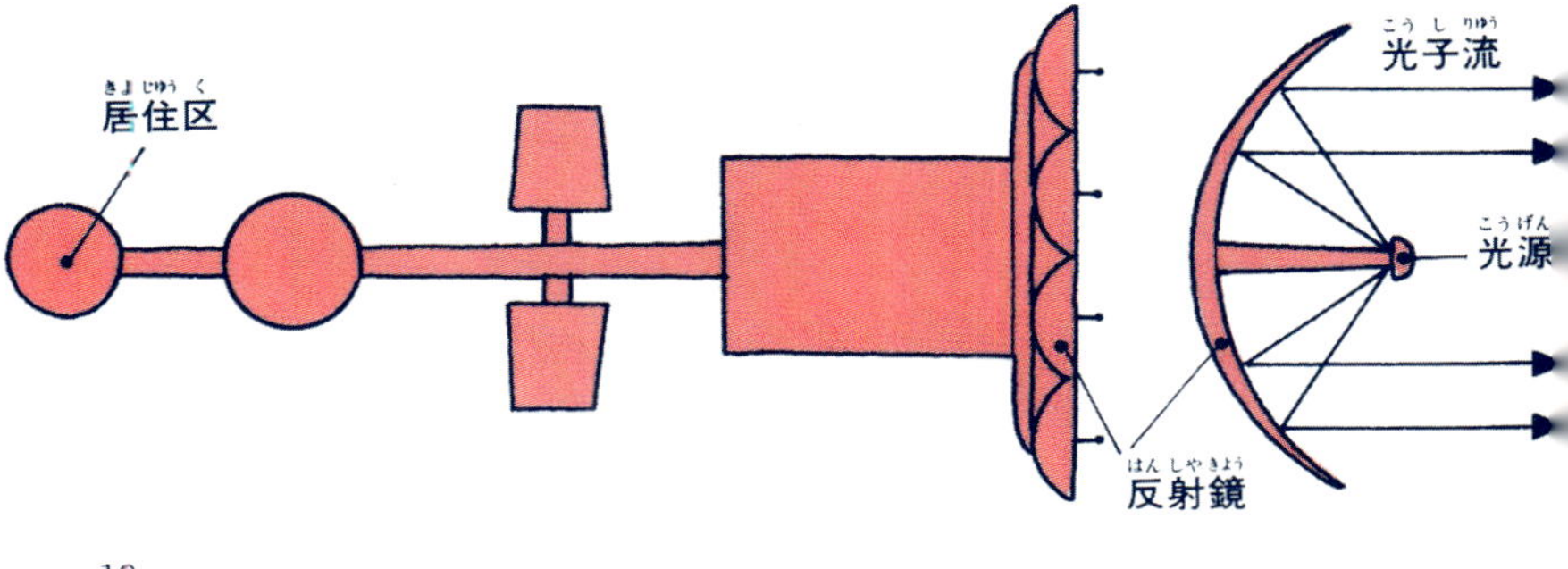

行《い》け!!ラム・ジェット
——銀河《ぎんが》を越《こ》えて

　宇宙《うちゅう》ロケットは、おそろしく多量《たりょう》の燃料《ねんりょう》を消費《しょうひ》する。だから、ロケットの重量《じゅうりょう》をなるべく軽《かる》くすることが大切《たいせつ》だ。

　たとえば、燃料《ねんりょう》タンクなどが不要《ふよう》になれば、そのかわりにかなりの物資《ぶっし》を乗《の》せることができる。はたして、そんな夢《ゆめ》のようなことが可能《かのう》だろうか。そこで考《かんが》えられたのが、星間物質《せいかんぶっしつ》の利用《りよう》によって永久航行《えいきゅうこうこう》を可能《かのう》にすることができる宇宙《うちゅう》ラム・ジェットだ。

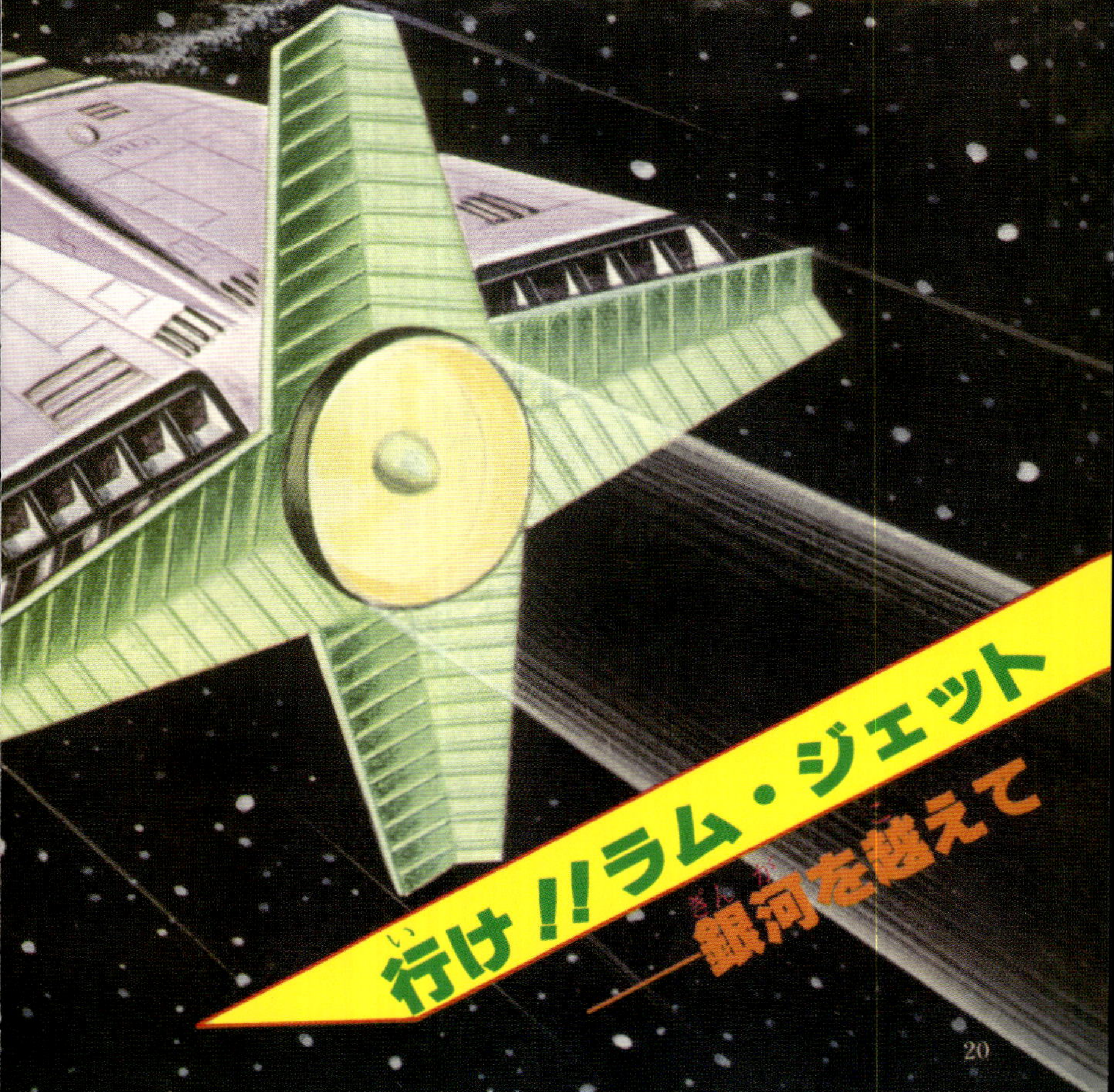

2001年《ねん》 果《は》てしなき宇宙旅行《うちゅうりょこう》

ラム・ジェットとは!?

宇宙《うちゅう》はカラッポのように見《み》えても、ごくわずかな水素《すいそ》原子《げんし》や、チリ、ホコリが存在《そんざい》しているのだ。これを星間《せいかん》**物質《ぶっしつ》という。宇宙《うちゅう》ラム・ジェット**は、その星間《せいかん》物質《ぶっしつ》を電磁《でんじ》フィールドで集《あつ》め、原子炉《げんしろ》で反応《はんのう》させて後方《こうほう》に噴射《ふんしゃ》する。星間《せいかん》物質《ぶっしつ》のある限《かぎ》りは飛行《ひこう》が可能《かのう》だ。星間《せいかん》物質《ぶっしつ》の吸収量《きゅうしゅうりょう》により、スピードも自由《じゆう》に調節《ちょうせつ》できる。最高速度《さいこうそくど》は、光速《こうそく》に近《ちか》いといわれている。

広大《こうだい》な宇宙《うちゅう》へ進出《しんしゅつ》する人類《じんるい》には、大《おお》きな目的《もくてき》がある。それは地球《ちきゅう》における資源不足《しげんふそく》の解消《かいしょう》と、人口過剰問題《じんこうかじょうもんだい》の解決《かいけつ》である。そこで、今《いま》もっとも期待《きたい》されている計画《けいかく》がある。それが、**スペース・コロニー**計画《けいかく》だ。

スペース・コロニー大計画《だいけいかく》

地球《ちきゅう》の人口《じんこう》は現在《げんざい》40億《おく》を越《こ》えている。このまま増《ふ》えつづけると、35年後《ねんご》に人口《じんこう》は倍増《ばいぞう》、100年後《ねんご》には300億人《おくにん》となる。さらに、1500年後《ねんご》には、なんと地球《ちきゅう》の重《おも》さと同《おな》じになるといわれている。このような人口《じんこう》の増加《ぞうか》は、食糧不足《しょくりょうふそく》（現在《げんざい》でも世界《せかい》の各地《かくち》で多《おお》くの餓死者《がししゃ》が出《で》ている）をよびおこし、深刻《しんこく》な資源不足《しげんふそく》に悩《なや》まされるであろう。そうすれば恐《おそ》しい戦争《せんそう》が起《お》こる危険《きけん》も大《おお》きくなるわけだ。そこで、人々《ひとびと》の注目《ちゅうもく》は広大《こうだい》な宇宙《うちゅう》へと向《む》けられる——。

宇宙《うちゅう》ステーションが建設《けんせつ》され、遠《とお》い距離《きょり》を飛《と》ぶことができるロケットが開発《かいはつ》されるにつれて、人類《じんるい》は宇宙空間《うちゅうくうかん》に第《だい》二の地球《ちきゅう》を作《つく》ろうと考《かんが》える。それが**スペース・コロニー**（宇宙植民地《うちゅうしょくみんち》）だ。

では現在《げんざい》、どんな計画《けいかく》が考《かんが》えられているのだろう。それは、直径《ちょうけい》6.5《キロメートル》、長《なが》さ32《キロメートル》の円筒《えんとう》を使《つか》って一大《だい》宇宙《うちゅう》都市《とし》を作《つく》りあげるというものだ。「島《しま》3号《ごう》」とよばれるこのスペース・コロニーには1300平方《へいほう》《キロメートル》（後楽《こうらく》園球場《えんきゅうじょう》の約《やく》11万倍《まんばい》の広《ひろ》さだ）の中《なか》に約《やく》100万人《まんにん》の人々《ひとびと》が居住《きょじゅう》することになるだろう。

内部《ないぶ》は人間《にんげん》が生活《せいかつ》するのに快適《かいてき》な工夫《くふう》がいろいろとなされている。

たとえば、気候《きこう》は一年中《ねんじゅう》温暖《おんだん》で、夜《よる》と昼《ひる》の区別《くべつ》も最適《さいてき》な形《かたち》で行《おこな》われる。もちろん、重力《じゅうりょく》は地球《ちきゅう》と同《おな》じだ。

2005年《ねん》　宇宙都市《うちゅうとし》の建設《けんせつ》

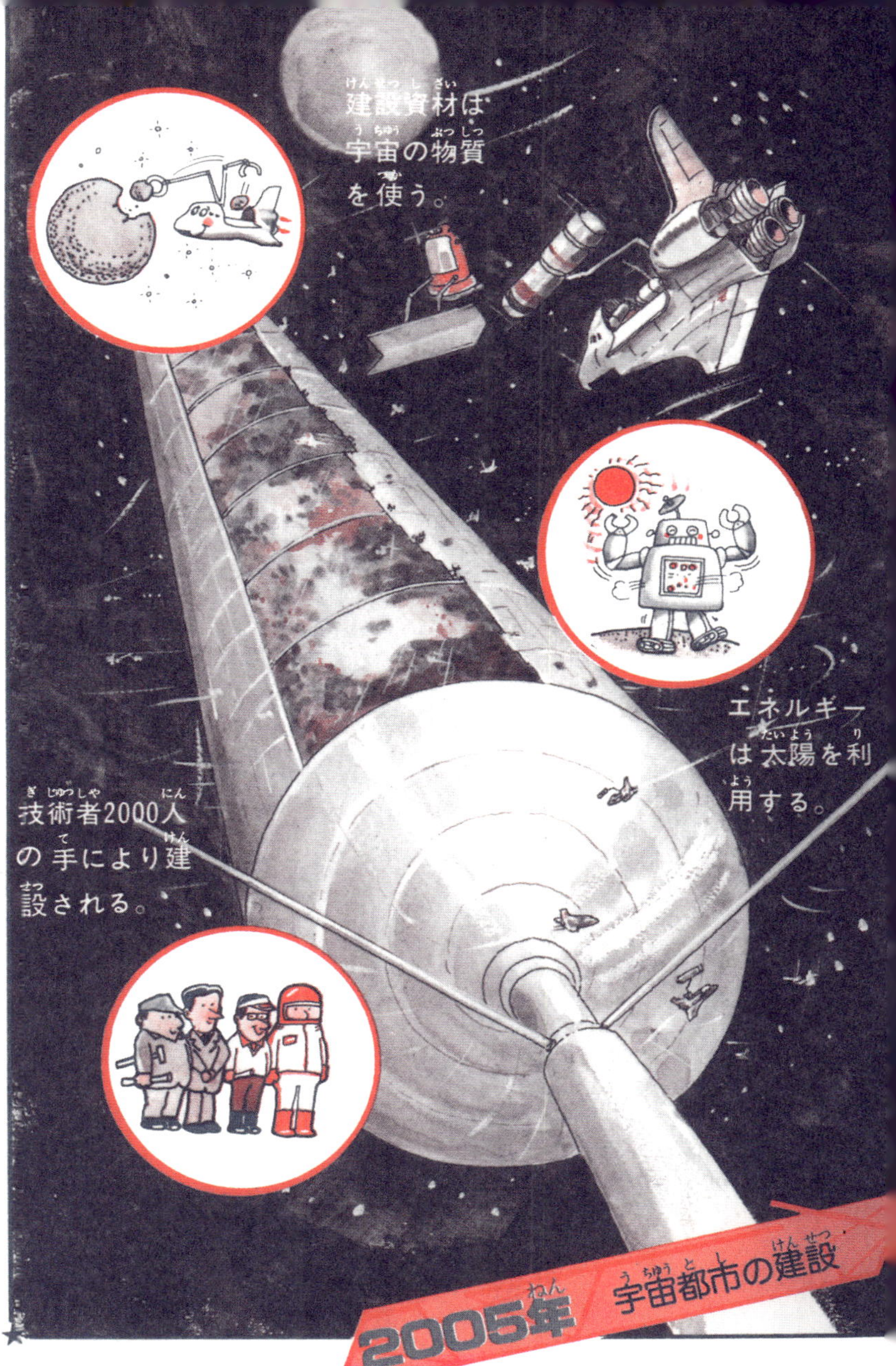

惑星《わくせい》大飛行《だいひこう》

惑星《わくせい》はほぼ一定《いってい》の方《ほう》向《こう》に並《なら》ぶ時《とき》がある。その時《とき》こそ、一大惑星飛《だいわくせいひ》行《こう》計画《けいかく》が実行《じっこう》されるのだ。(以下《いか》は、アメリカ航空《こうくう》宇宙局《うちゅうきょく》の現実《げんじつ》の計画《けいかく》に基《もと》いて描《えが》かれた図《ず》だ)

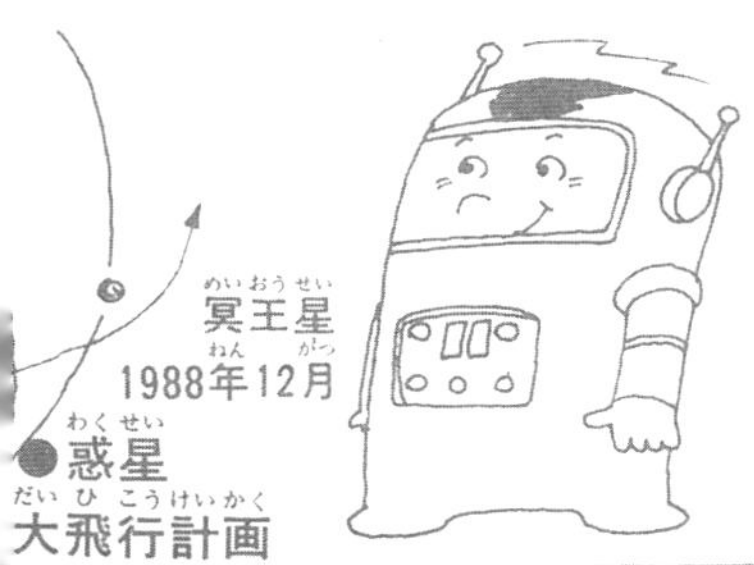

とび出せ大宇宙《だいうちゅう》へ!!

——スペース・コロニー

では、スペース・コロニーの建設《けんせつ》にはどんなものが必要《ひつよう》なのだろうか。まず考《かんが》えられるのは次《つぎ》の3つの要素《ようそ》だ。

①建設資材《けんせつしざい》＝近《ちか》くの星《ほし》にあるものを利《り》用《よう》して、なるべく地球《ちきゅう》からは持《も》ち出《だ》さないようにする。

②エネルギー＝太陽《たいよう》エネルギーを利用《りよう》し、星《ほし》の岩石《がんせき》から食物《しょくもつ》や水《みず》、空気《くうき》、動《どう》力《りょく》などを抽出《ちゅうしゅつ》して利用《りよう》する。

③技術者《ぎじゅつしゃ》＝まずコロニーの建設《けんせつ》にあたる人々《ひとびと》が必要《ひつよう》だ。そして、コロニーが完成《かんせい》すれば、ここに拠点《きょてん》として新《あたら》しい開発《かいはつ》が進《すす》められる。そのために科学者《かがくしゃ》やロケット技師《ぎし》たちも必要《ひつよう》になる。

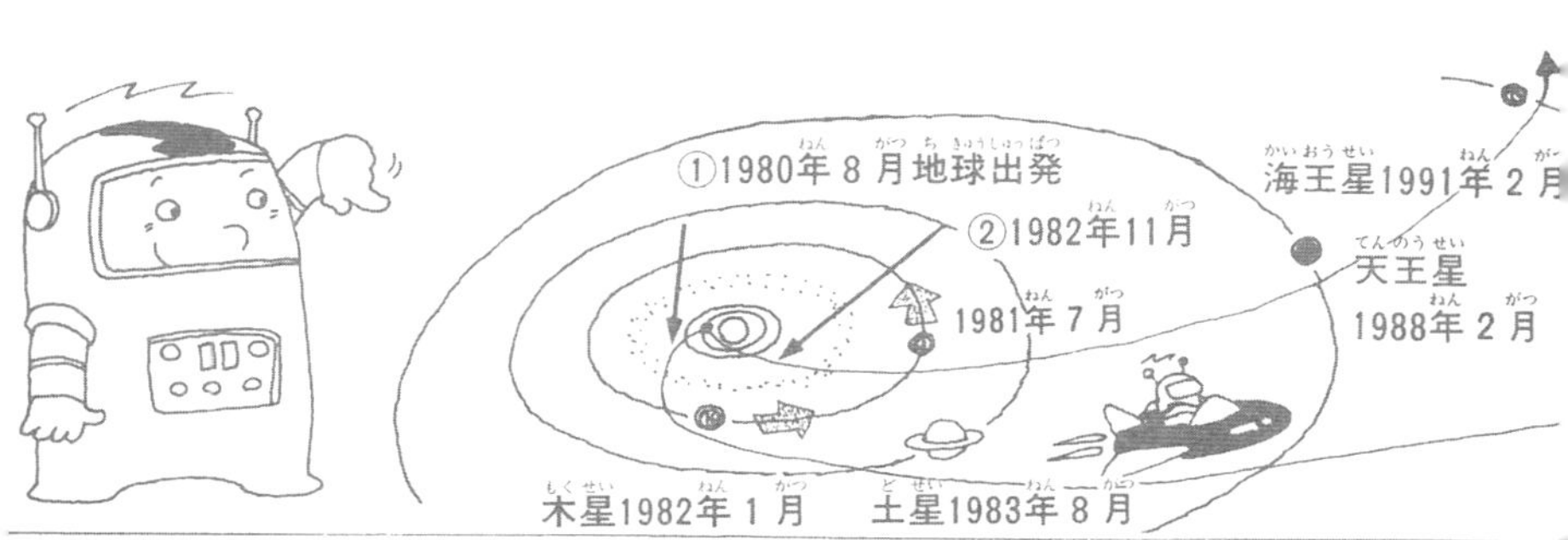

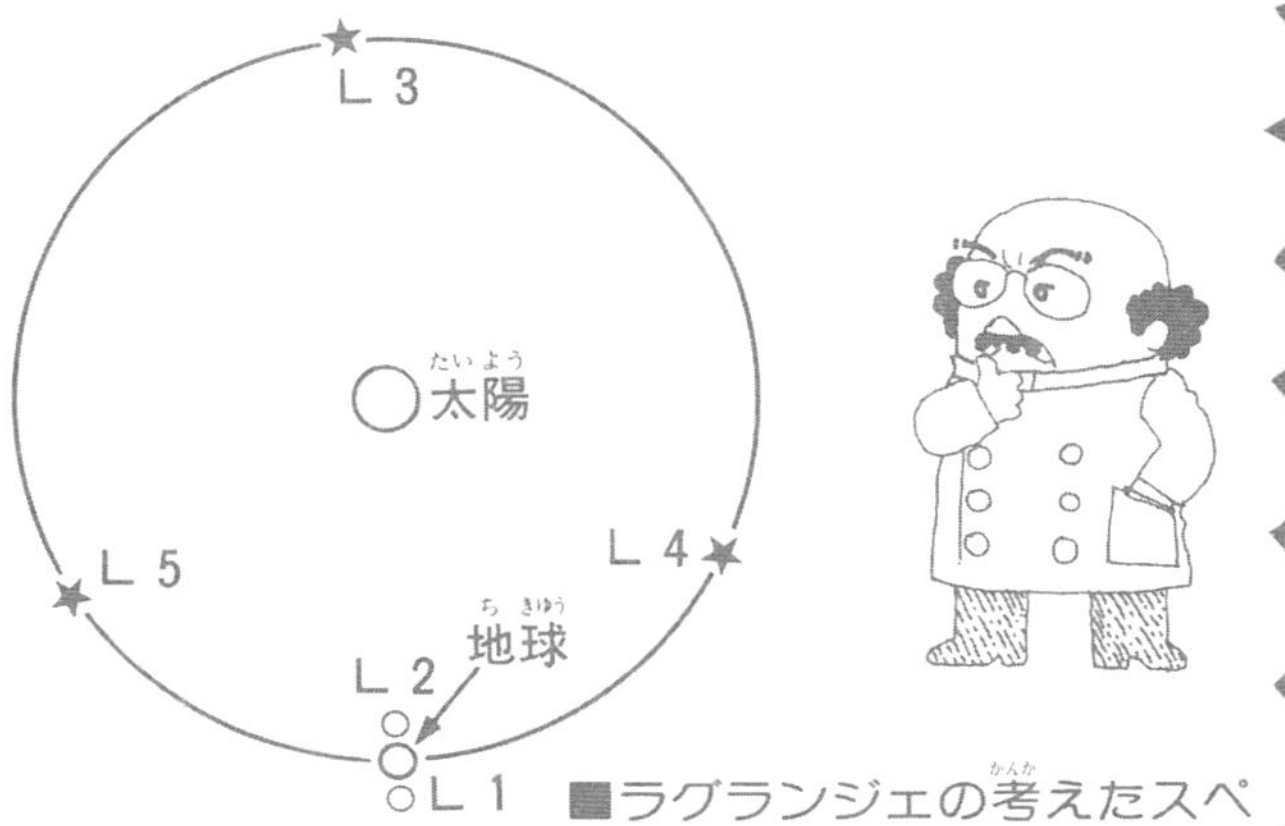

■ラグランジェの考《かんか》えたスペース・コロニーの建設予定地《けんせつよていち》

さて、スペース・コロニーはまずどんな所《ところ》に作《つく》ったらよいのだろうか。それは、金星《きんせい》や火星《かせい》などの惑星《わくせい》ではない。なぜなら、それらの惑星《わくせい》はあまりに地球《ちきゅう》の環境《かんきょう》とちがいすぎるのだ。そこで、まず地球《ちきゅう》に近《ちか》い宇宙空間《うちゅうくうかん》が考《なんか》えられる。例《たと》えば、フランスの**ラグランジュ**が考《かんか》えたスペース・コロニーの建設予定地《けんせつよていち》がある（上図《じょうず》）。

Ｌ１、**Ｌ２**、**Ｌ３**では、太陽《たいよう》と地球《ちきゅう》の引力《いんりょく》、さらに衛星《えいせい》の遠心力《えんしんりょく》がうまくバランスをとっている。つまり無重力状態《むじゅうりょくじょうたい》になるわけだ。こうして**Ｌ４**と**Ｌ５**は、常《つね》に安定《あんてい》した位置《いち》を保《たも》つことができ、またスペース・シャトルによる往復《おうふく》も簡単《かんたん》にできるという利点《りてん》がある。

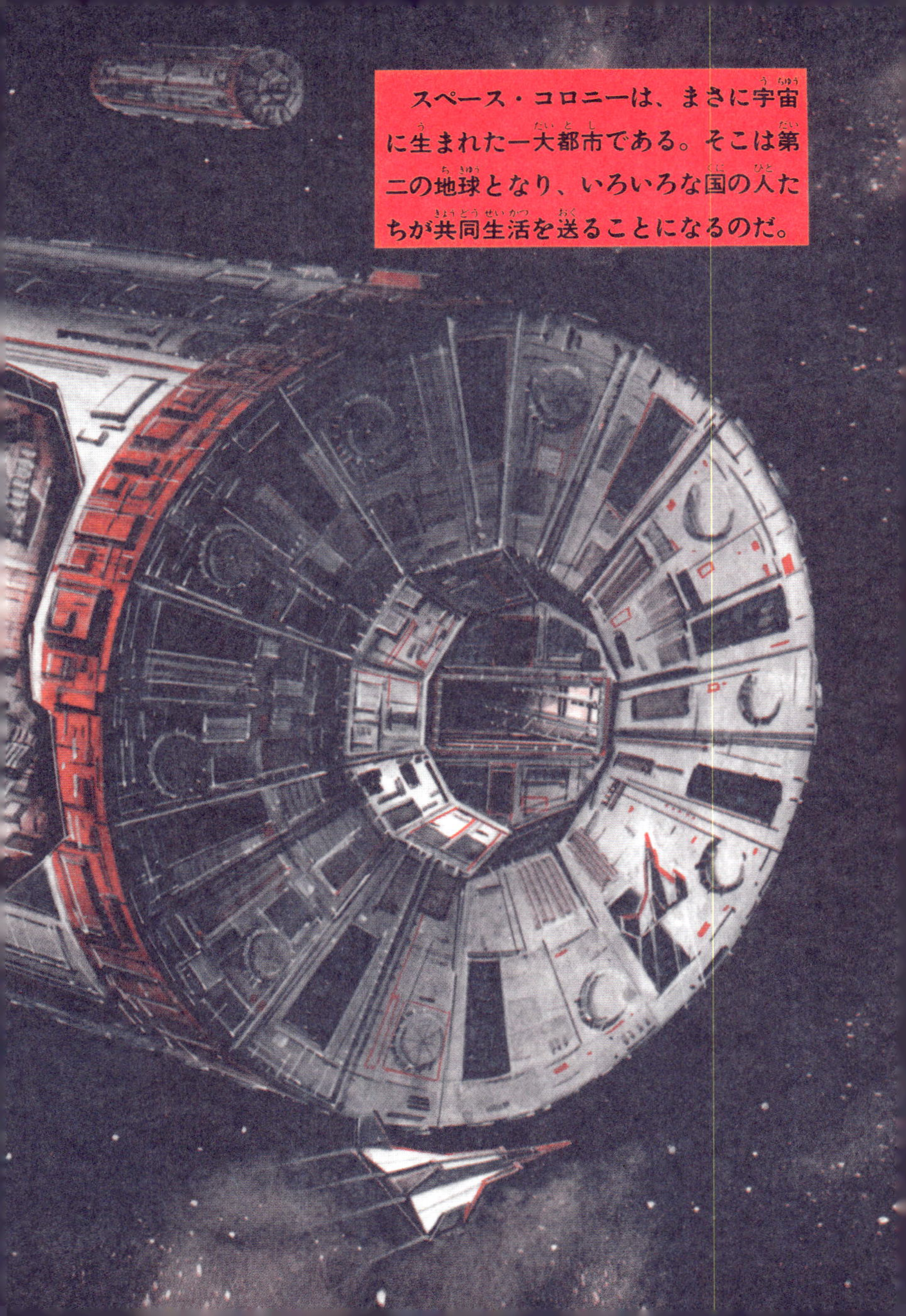

スペース・コロニーは、まさに宇宙《うちゅう》に生《う》まれた一大都市《だいとし》である。そこは第《だい》二の地球《ちきゅう》となり、いろいろな国《くに》の人《ひと》たちが共同生活《きょうどうせいかつ》を送《おく》ることになるのだ。

スペース★コロニー

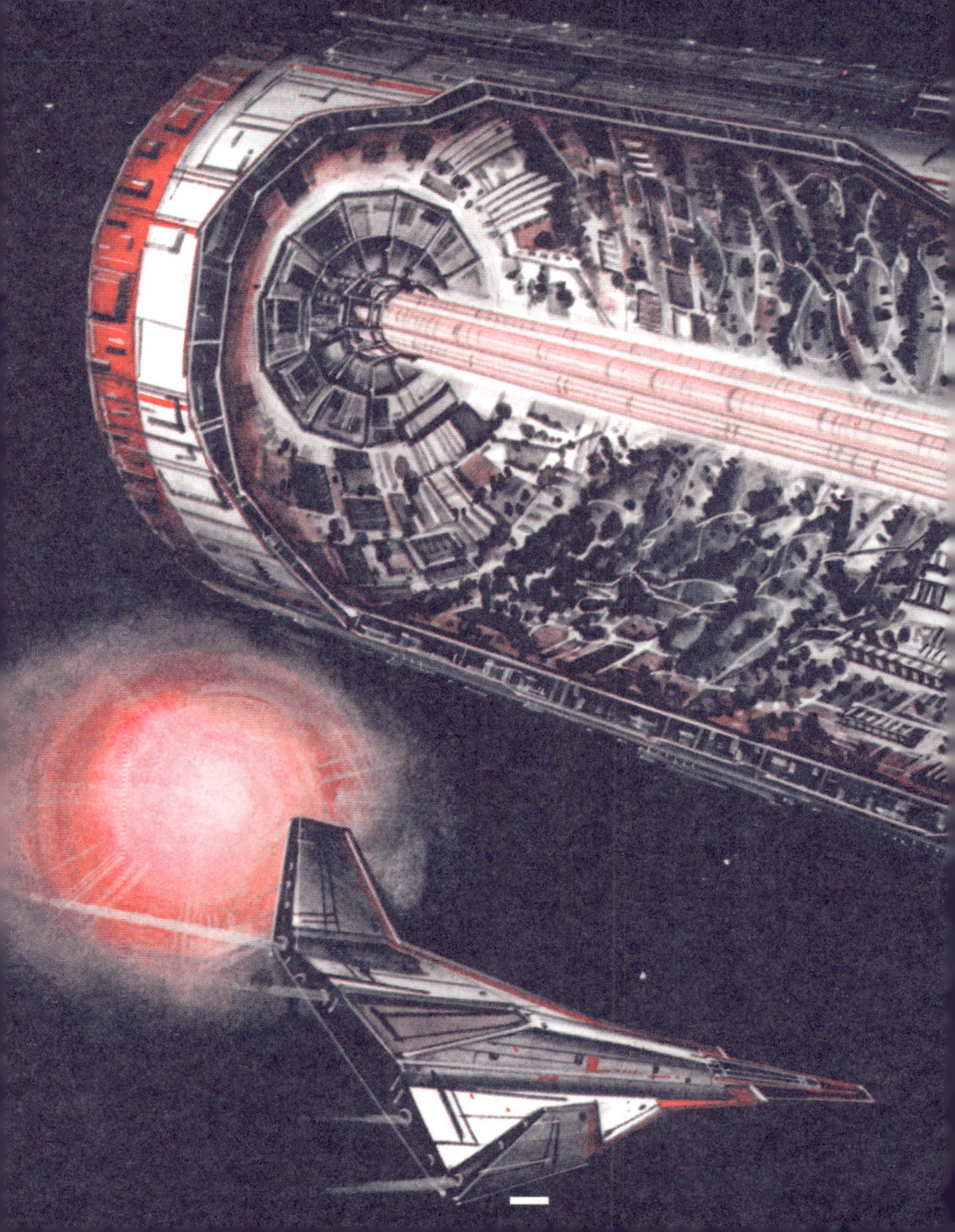

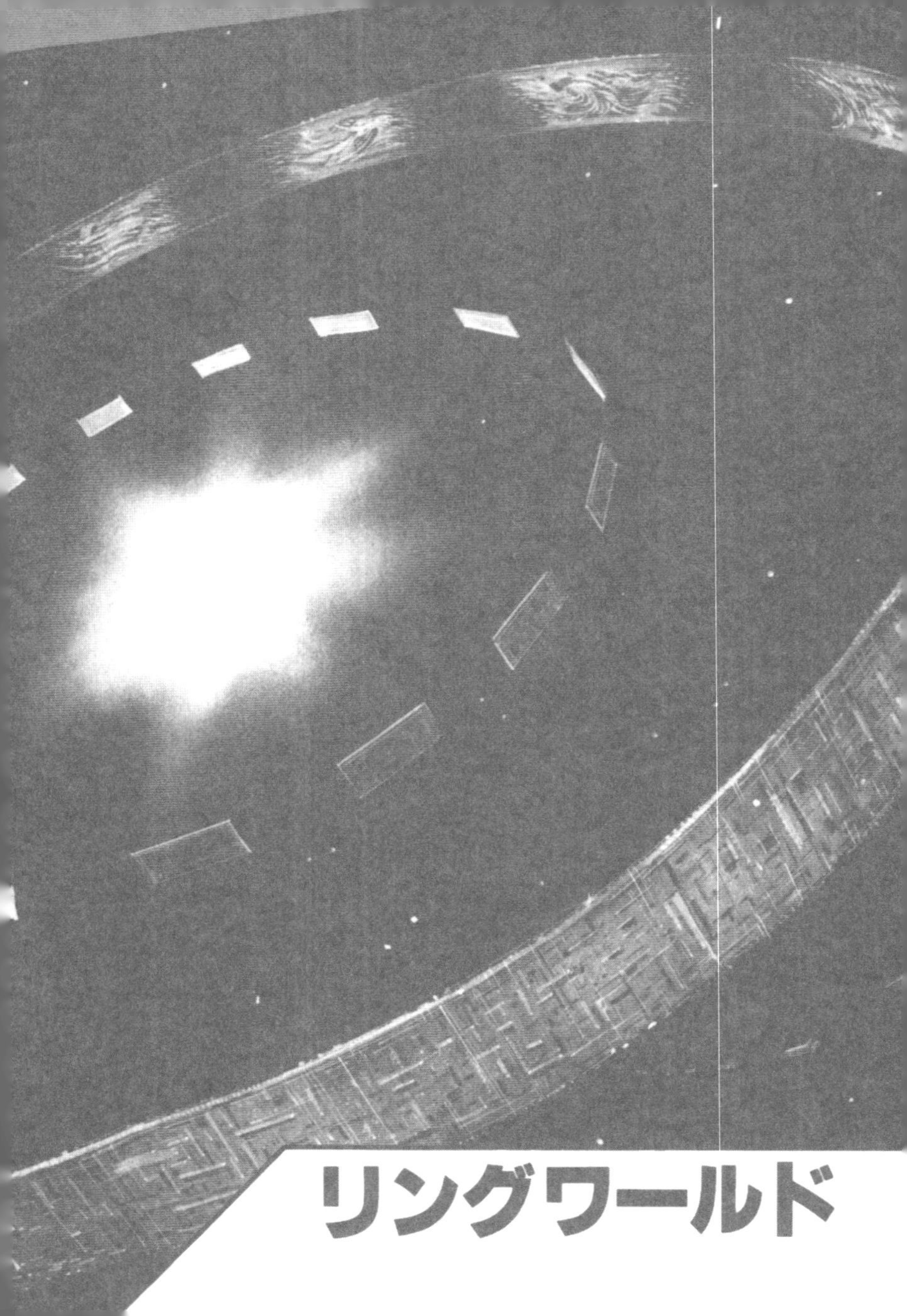

リングワールド

SF《エスエフ》の世界《せかい》

SF《エスエフ》の世界《せかい》で考《かんが》えられている、スペース・コロニーの代表《だいひょう》がリングワールドだ。これは、恒星《こうせい》をとりまく広大《こうだい》な帯状《おびじょう》の世界《せかい》である。リングワールドの完成《かんせい》で人口問題《じんこうもんだい》もバッチリ解決《かいけつ》。その作《つく》り方《かた》は、次《つぎ》のようにする——。

①まず、すべての惑星《わくせい》を粉々《こなごな》に砕《くだ》いてしまう。②これを物質変換機《ぶっしつへんかんき》で強力《きょうりょく》な材料《ざいりょう》に変《か》える。③②を使《つか》って半径《はんけい》1億《おく》5000万《まん》キロメートル、幅《はば》約《やく》160万《まん》キロメートルの円《えん》形《けい》ベルトを作《つく》る。④太陽《たいよう》の周《まわ》りをゆっくり回転《かいてん》させる(毎秒約《まいびょうやく》1200キロメートル)。⑤約《やく》1G《ジー》の遠心力《えんしんりょく》が得《え》られるので、ベルトの内側《うちがわ》に海水《かいすい》や大気《たいき》を満《み》たす。なおベルトの幅《はば》は、地球《ちきゅう》の周囲《しゅうい》の400倍《ばい》、面積《めんせき》は約《やく》六億倍《おくばい》もある。

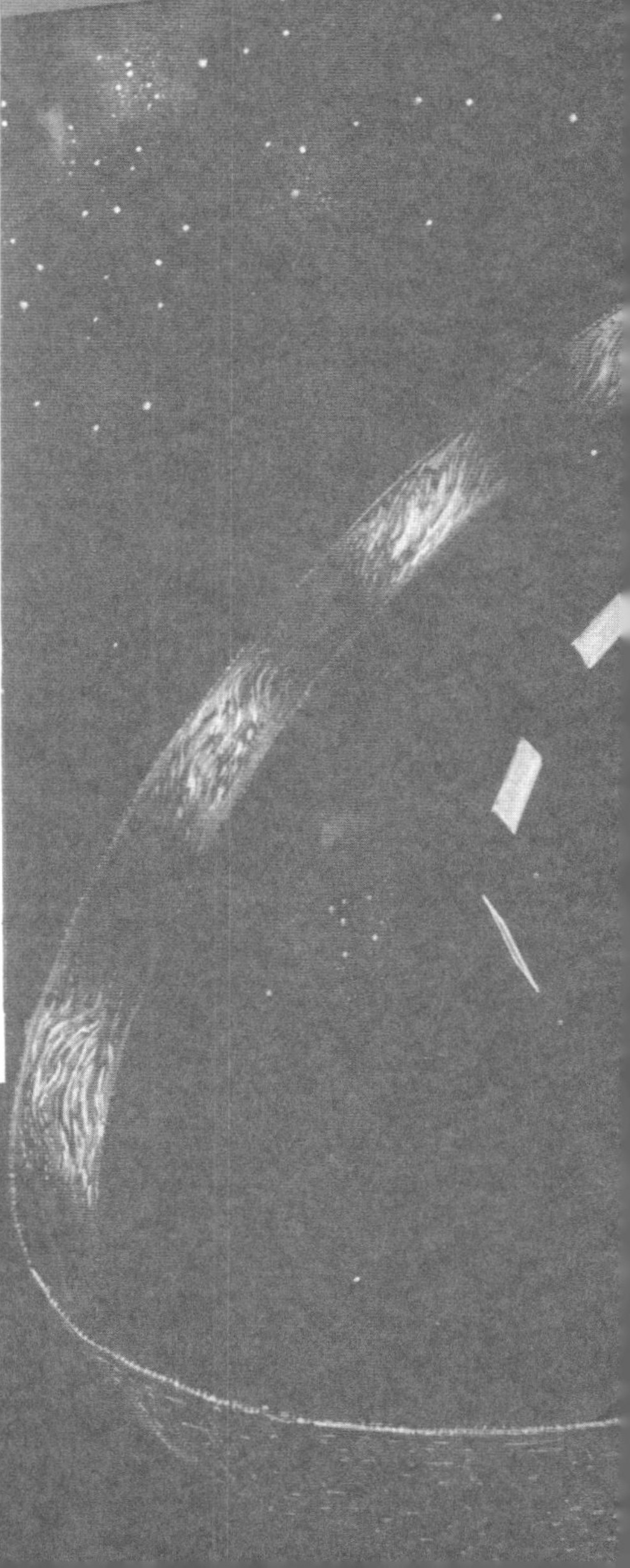

数字《すうじ》でみるビックリ 大宇宙《だいうちゅう》

きみは夜空《よぞら》の星《ほし》を見上《みあ》げて、宇宙《うちゅう》のことを考《かんが》えたことがあるかい？ 一体《いったい》あの月《つき》まではどの位《くらい》の距離《きょり》があるのだろうか。太陽《たいよう》までは……。

きっときみの疑問《ぎもん》はどんどん大《おお》きくなるはずだ。そこで、宇宙《うちゅう》がどんなに大《おお》きくて広《ひろ》いものかを、数字《すうじ》でみてみよう――!!

★地球《ちきゅう》から月《つき》までの距離《きょり》

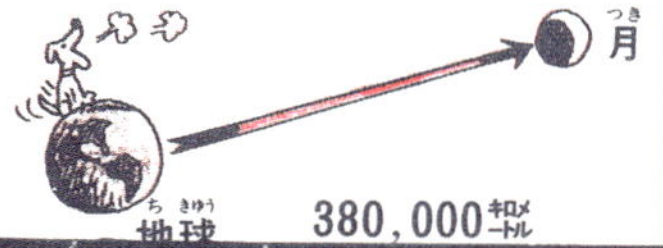

★地球《ちきゅう》が太陽《たいよう》のまわりを一周《しゅう》するのに要《よう》する時間《じかん》は一年《ねん》である。地球《ちきゅう》から太陽《たいよう》までの距離《きょり》は，月《つき》までの約《やく》400倍《ばい》だ。

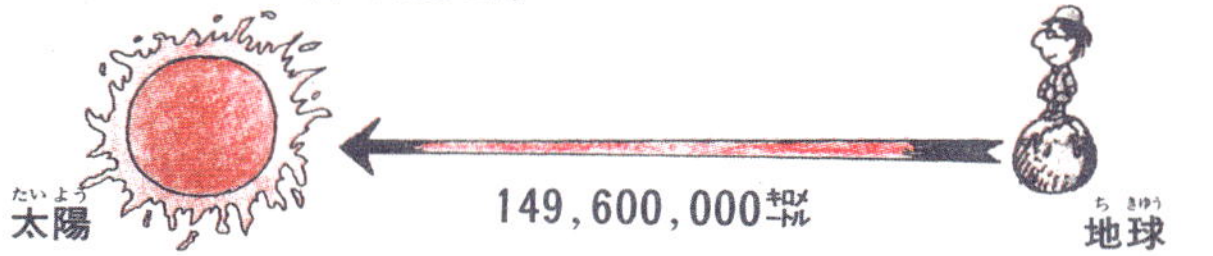

もし!!新幹線《しんかんせん》で宇宙旅行《うちゅうりょこう》をしたら……!?

★おなじみの新幹線《しんかんせん》で，夢《ゆめ》の宇宙旅行《うちゅうりょこう》をしてみよう。きみは，窓《まど》から見《み》える美《うつく》しい星空《ほしぞら》にコーフン気味《ぎみ》だ。さて，東京《とうきょう》から大阪《おおさか》までの所要時間《しょようじかん》を基準《きじゅん》にして，太陽《たいよう》まで，そして銀河《ぎんが》の果《は》てまでどのくらいの時間《じかん》がかかるかを見《み》てみよう。

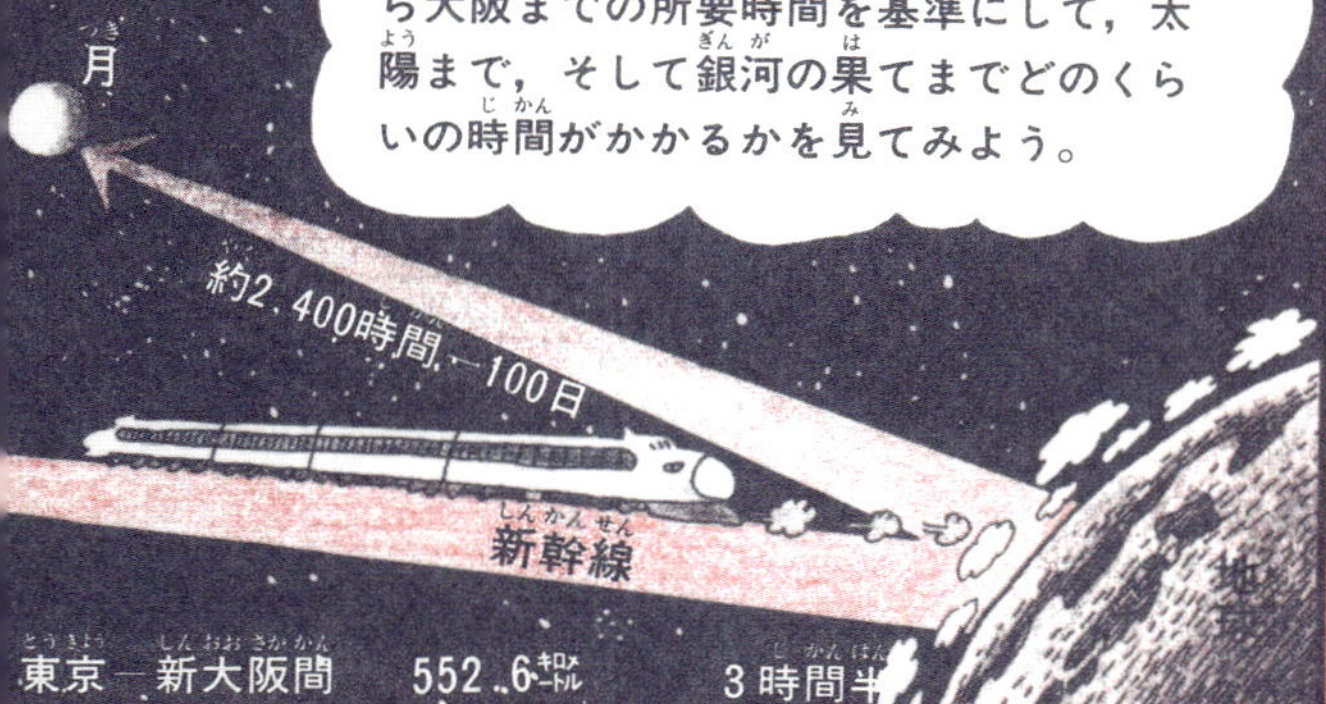

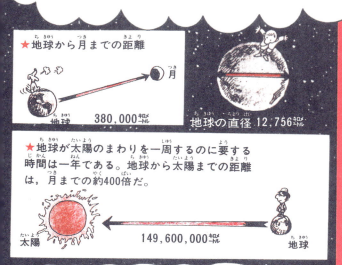

★われわれの太陽系《たいようけい》は，１個《こ》の太陽《たいよう》と９個《こ》の惑星《わくせい》から成《な》り立《た》っている。太陽《たいよう》からもっとも遠《とお》い冥王星《めいおうせい》までは，地球《ちきゅう》から58億《おく》キロメートルもある。これは光速《こうそく》でも４日《か》以上《いじょう》かかる距離《きより》だ。この太陽系《たいようけい》も，銀河系《ぎんがけい》のほんの一部《いちぶ》にしかすぎない。そして，銀河系《ぎんがけい》がいくつも集《あつ》まって広大《こうだい》な宇宙《うちゅう》は成《な》り立《た》っているのである。

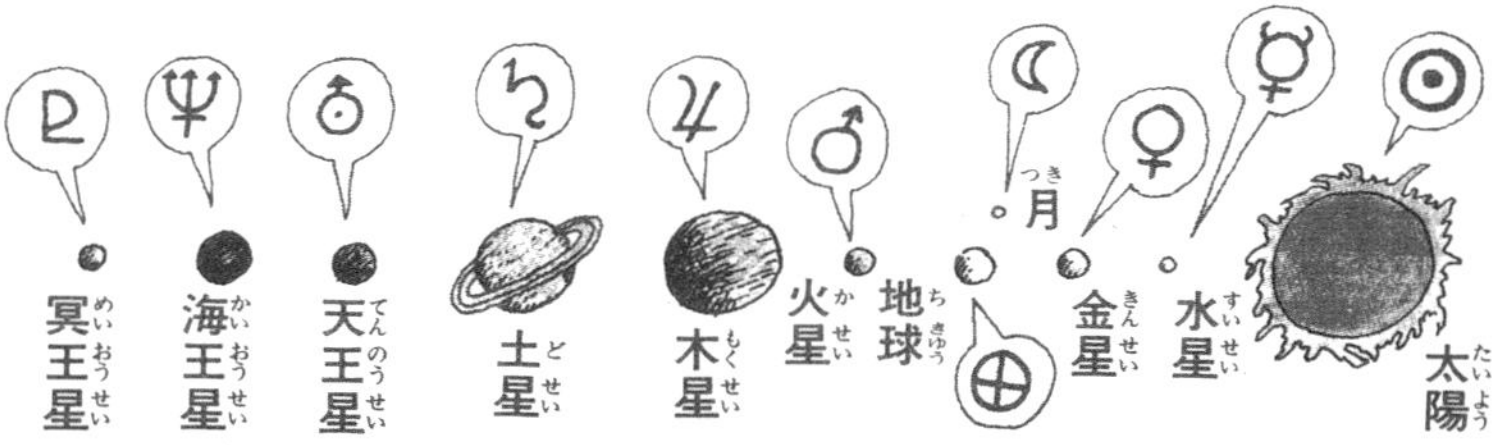

これだけは知《し》っておこう／宇《う》宙《ちゅう》メモ

「天《あま》の川《かわ》」と呼《よ》ばれる**銀河系星雲**《ぎんがけいせいうん》は、直径《ちょっけい》10万光年《まんこうねん》の巨大《きょだい》な凸《とつ》レンズ形《がた》をした恒星集団《こうせいしゅうだん》だ。地球《ちきゅう》の属《ぞく》する**太陽系**《たいようけい》は銀河系《ぎんがけい》の中心《ちゅうしん》から 3 万光年《まんこうねん》離《はな》れたところに位置《いち》している。宇宙《うちゅう》には銀河系《ぎんがけい》のような規模《きぼ》と構造《こうぞう》をもった星雲《せいうん》が無数《むすう》に散存《さんざい》し、銀河系《ぎんがけい》から近《ちか》いところで20万光年《まんこうねん》、遠《とお》くなると 100 万光年《まんこうねん》の距離《きょり》に達《たっ》する。直径《ちょっけい》も数千光年《すうせんこうねん》から10万光年《まんこうねん》以上《いじょう》にわたるものまでさまざまだ。これらは一般《いっぱん》に**銀河系外星雲**《ぎんがけいかいせいうん》と呼《よ》ばれている。銀河系外星雲《ぎんがけいがいせいうん》は平均的分布《へいきんてきぶんぷ》でみると1辺《ぺん》300万光年《まんこうねん》の立方体《りっぽうたい》の範囲内《はんいない》に、ほぼ 1 個《こ》の割合《わりあい》で存在《そんざい》している。ところが銀河系《ぎんがけい》の周辺《しゅうへん》、数百万光年《すうひゃくまんこうねん》の範囲《はんい》には星雲《せいうん》が比較的密集《ひかくてきみっしゅう》していて、ひとつの**星雲群**《せいうんぐん》を構成《こうせい》している。さらに数千個《すうせんこ》の星雲《せいうん》が集《あつ》まった**星雲団**《せいうんだん》になると、はるか10億光年《おくこうねん》のかなたにまでその存在《そんざい》を認《みと》められている

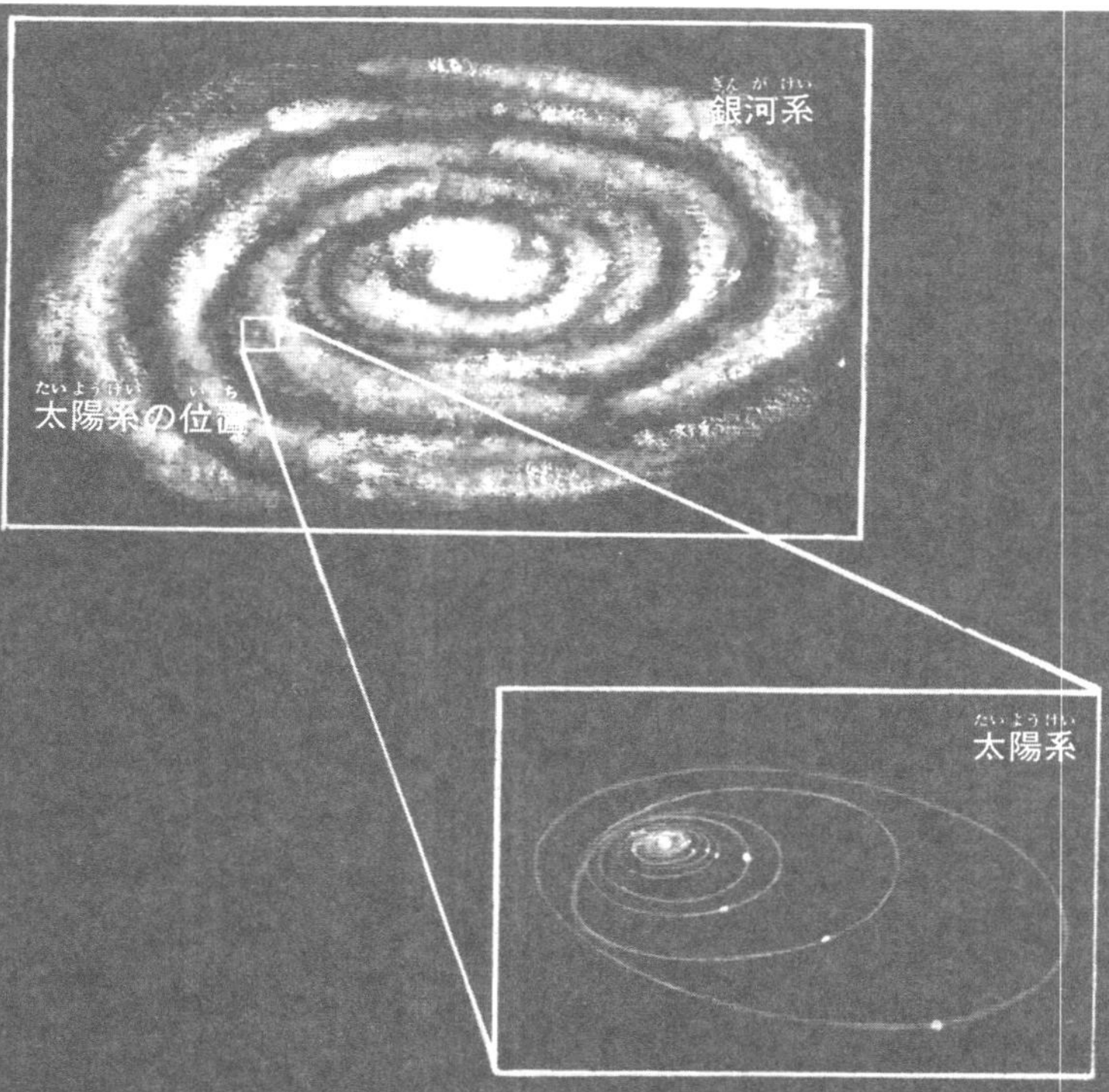

キミのまわりはすべてが宇宙《うちゅう》

きみは宇宙《うちゅう》に関《かん》するいろいろな情報《じょうほう》や物語《ものがたり》を知《し》っているだろう。し
し、まず考《かん》えてほしいのは、宇宙《うちゅう》がきみを中心《ちゅうしん》に天地左右《てんちさゆう》、四方八方《しほうはっぽう》に
広《ひろ》がっている世界《せかい》だということだ。つまり、外宇宙《がいうちゅう》から地球《ちきゅう》へ北極《ほっきょく》や南
極《きょく》の方向《ほうこう》からやって来《く》れば、木星《もくせい》や火星《かせい》を経由《けいゆう》する必要《ひつよう》はない。（太陽
系《けい》は平《ひら》たいのだ!!）これは一見《いっけん》バカバカしいことのようだが、まず頭《あたま》に
おいておきたい重要《じゅうよう》な事柄《ことがら》だ。特《とく》に、宇宙戦争《うちゅうせんそう》において大《おお》きなポイン
となることを覚《おぼ》えておいてくれたまえ。

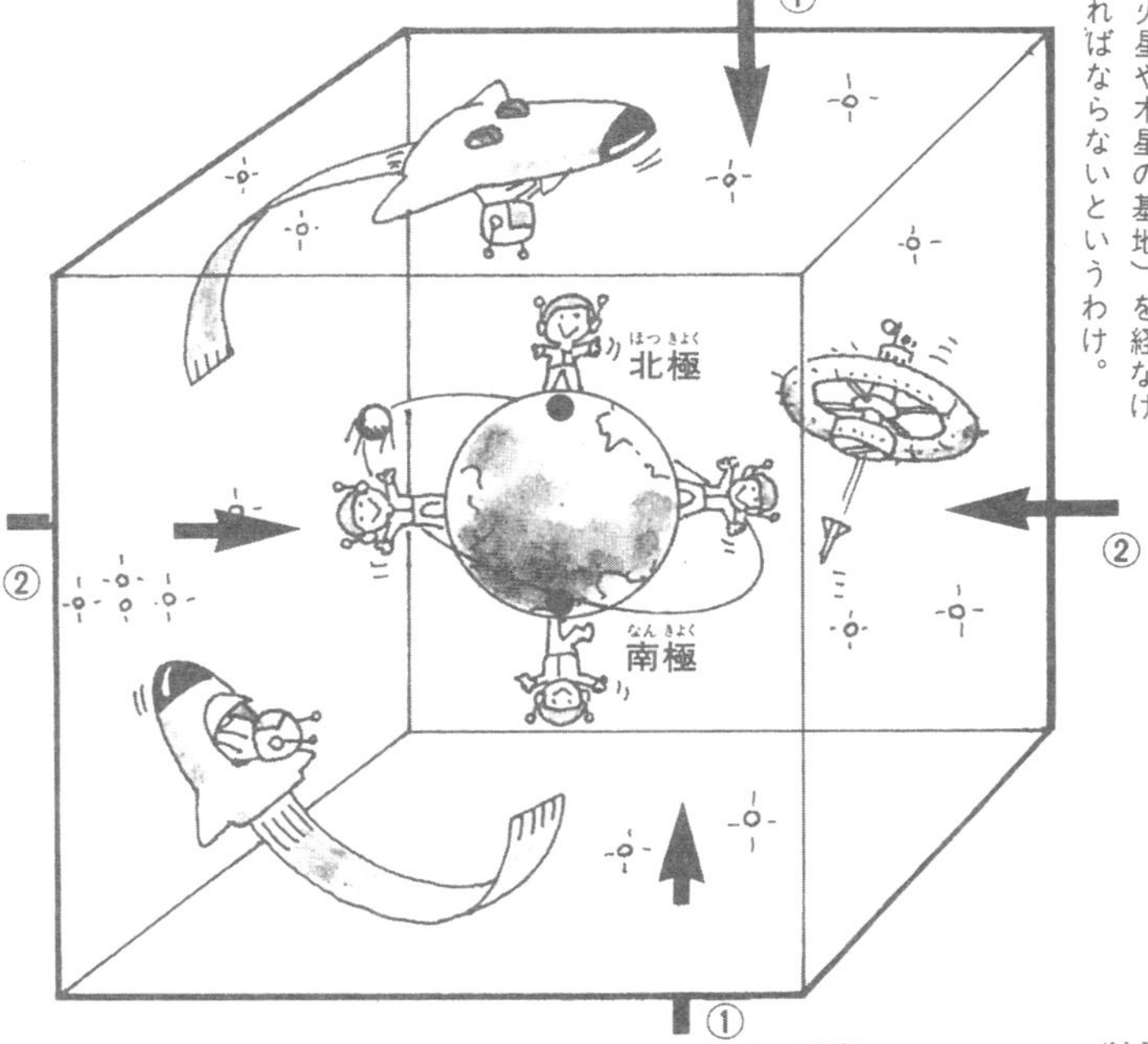

②の方向から攻撃すれば、いくつもの前線基地《ぜんせんきち》（例《たと》えば、火星《かせい》や木星《もくせい》の基地《きち》）を経《へ》なければならないというわけ。

もし，地球《ちきゅう》を攻撃《こうげき》するなら，①の方向《ほうこう》からせ
めれば直接外宇宙《ちょくせつがいうちゅう》から攻撃《こうげき》できる。すなわち
この方向《ほうこう》が防《ぼう》ぎょのポイントともいえる。

SF《エスエフ》の世界《せかい》

光速《こうそく》でも一〇〇年《ねん》はかかる宇宙空間《うちゅうくうかん》を、一瞬《いっしゅん》で越《こ》えてしまうワープ航法《こうほう》の秘密《ひみつ》!!

アッという間《ま》の宇宙旅行《うちゆうりよこう》

――ワープ航法《こうほう》

「もっと短《みじか》い時間《じかん》で恒星間《こうせいかん》の宇宙旅行《うちゅうりょこう》をできないものだろうか？」

という疑問《ぎもん》にこたえて登《とう》場《じょう》するのが**ワープ航法**《こうほう》だ。この方法《ほうほう》を使《つか》えば、数千光《すうせんこう》年《ねん》の距離《きょり》をへだてた星《ほし》へもアッという間《ま》に着《つ》いてしまうのだ。

もしワープ航法《こうほう》が実現《じつげん》すれば、人類《じんるい》の宇宙旅行《うちゅうりょこう》は夢《ゆめ》のような発展《はってん》をとげ、大銀《だいぎん》河系《がけい》を征服《せいふく》するだろう。（といっても、もちろんこのワープ航法《こうほう》というのは、SF《エスエフ》小説《しょうせつ》の中《なか》で考《かんが》えられたアイデアなのだが……）。

さて、その原理《げんり》とは!?

驚《きょう》異《い》のワープ航《こう》法《ほう》

これがそのすべてだ

これがワープ航法《こうほう》だ!!

ワープとは「歪《ゆが》める」という意味《いみ》だ。すなわち通常《つうじょう》の空間《くうかん》を歪《ゆが》めて、途中《とちゅう》のムダを省《はぶ》いてしまうのがワープ航《こう》法《ほう》だ。たとえば、下図《かず》のように、空間《くうかん》を一枚《まい》の帯《おび》と考《かんが》えてみよう。一台《だい》のロケットがA地点《ちてん》から数千光年先《すうせんこうねんさき》のB地点《ちてん》に行《い》かねばならないとする。この時《とき》、ワープ作用《さよう》によって空間《くうかん》が歪《ゆが》められ、A地点《ちてん》とB地点《ちてん》が接《せつ》するようにすれば、ロケットはほんの一瞬《しゅん》のうちに二点《てん》を自由《じゆう》に往復《おうふく》できるわけだ。この時《とき》、宇宙船《うちゅうせん》は通常《つうじょう》の空間《くうかん》ではなく超空間《ちょうくうかん》を通過《つうか》するので、そこでは多《おお》くの危険《きけん》が待《ま》ちうけている。

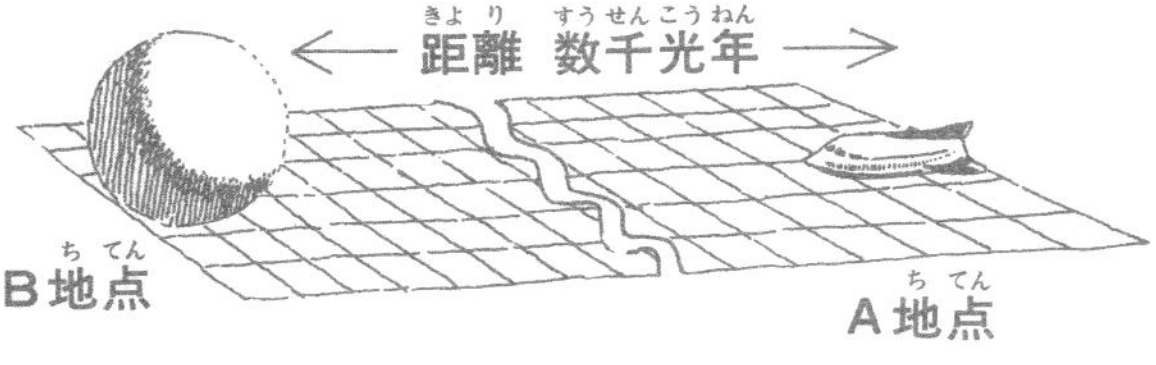

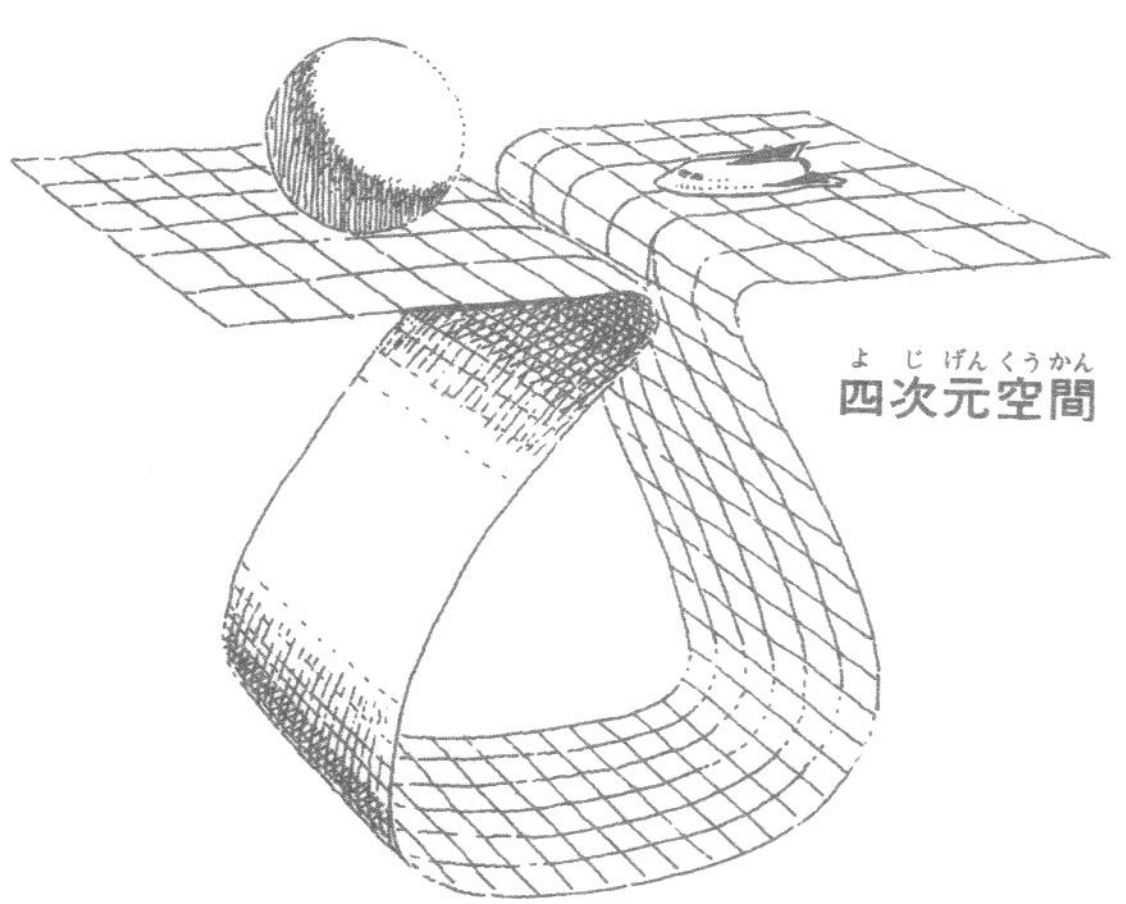

ワープ航法《こうほう》の危険《きけん》

ワープ航法《こうほう》、すなわち超《ちょう》空間《くうかん》の飛行《ひこう》をつづけている間《あいだ》は、外界《がいかい》との連絡《れんらく》や、さまざまな観測《かんそく》は不可能《ふかのう》だ。船内《せんない》の乗員《じょういん》は、その間《あいだ》にどんなことが起《お》きてもまったく気《き》づくことはないのだ。

また、超空間《ちょうくうかん》から再《ふたた》び現《げん》実《じつ》の宇宙空間《うちゅうくうかん》へ再突入《さいとつにゅう》する時《とき》のショックははかり知《し》れないものと予測《よそく》される。

例《たと》えば、そこに巨大《きょだい》な惑《わく》星《せい》や、他《ほか》の宇宙船《うちゅうせん》が存在《そんざい》したとしたら……？

■ワープ航法《こうほう》の利点《りてん》＝目的《もくてき》の星《ほし》が何代《なんだい》もかかるような遠《とお》い所《ところ》にある時《とき》は、旅《りょ》行者《こうしゃ》を冷凍《れいとう》ケースに入《い》れて眠《ねむ》らせる方法《ほうほう》がとられる。そして、目的地《もくてきち》に到着《とうちゃく》した時《とき》、彼《かれ》らはそ生《せい》するのだ。しかし、ワープ航法《こうほう》が現実化《げんじつか》すると、このような苦労《くろう》もなくなる。やはり、ワープ航法《こうほう》は危険《きけん》が大《おお》きいとは言《い》っても宇宙《うちゅう》旅行《りょこう》を日常化《にちじょうか》するための大《おお》きなポイントと言《い》えるだろう。

大宇宙《だいうちゅう》の神秘《しんぴ》

―暗黒星雲《あんこくせいうん》―

大宇宙《だいうちゅう》に待《ま》ちうける数々《かずかず》の危険《きけん》に、

- 大彗星群《だいすいせいぐん》
- 超重力星《ちょうじゅうりょくせい》＝恒星《こうせい》が燃《も》えつきようとする段階《だんかい》
- ブラック・ホール

などがあげられる。

また、もっとも身近《みぢか》な所《ところ》では暗黒《あんこく》星雲《せいうん》がある。これは、星間物質《せいかんぶっしつ》がひじょうに濃《こ》くなった場所《ばしょ》のことを言《い》い、周《まわ》りの星《ほし》の光《ひかり》を弱《よわ》めたり、消《け》してしまうため、黒《くろ》い雲《くも》のように見《み》える。そしてこの中《なか》から新《あたら》しい星《ほし》が誕生《たんじょう》するのだ。よく知《し》られているものは、オリオン座《ざ》の馬頭星雲《ばとうせいうん》、一角《かく》獣《じゅう》座《ざ》の円《えん》すい状星雲《じょうせいうん》などだ。

★オリオン座《ざ》の馬頭星雲《ばとうせいうん》

その他《た》の有名《ゆうめい》な星雲《せいうん》

★アンドロメダ大星雲《だいせいうん》

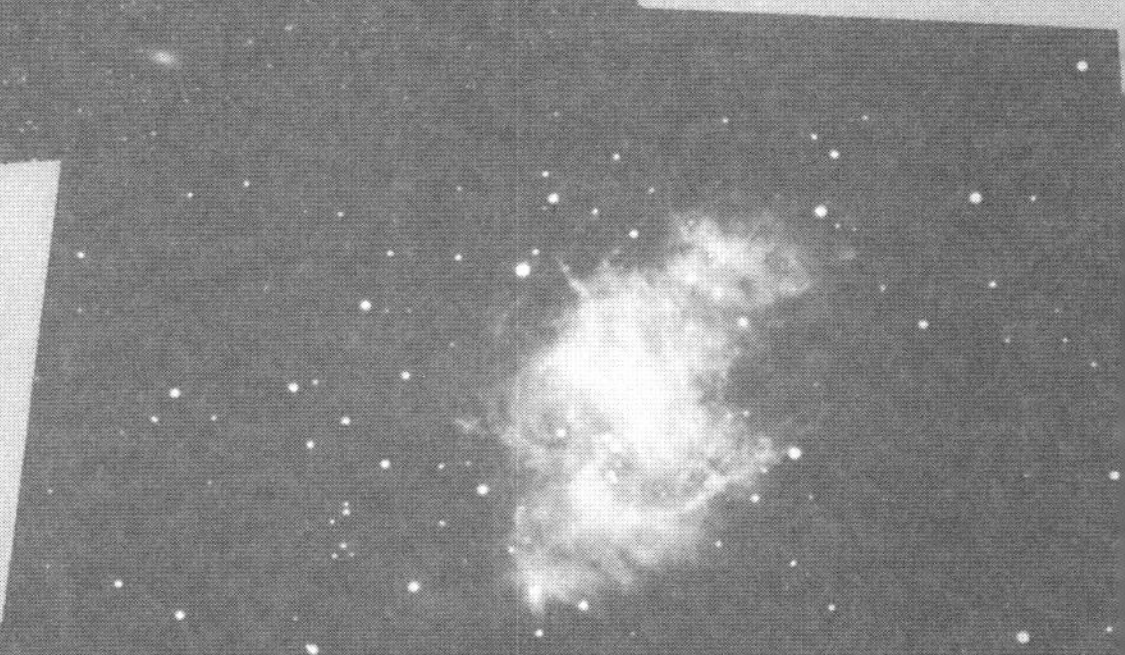

★おうし座《ざ》の惑星《わくせい》状星雲《じょうせいうん》(かに星雲《せいうん》)

★おうし座《ざ》の散《さん》開星団《かいせいだん》と散光星《さんこうせい》雲《うん》(プレヤデス)

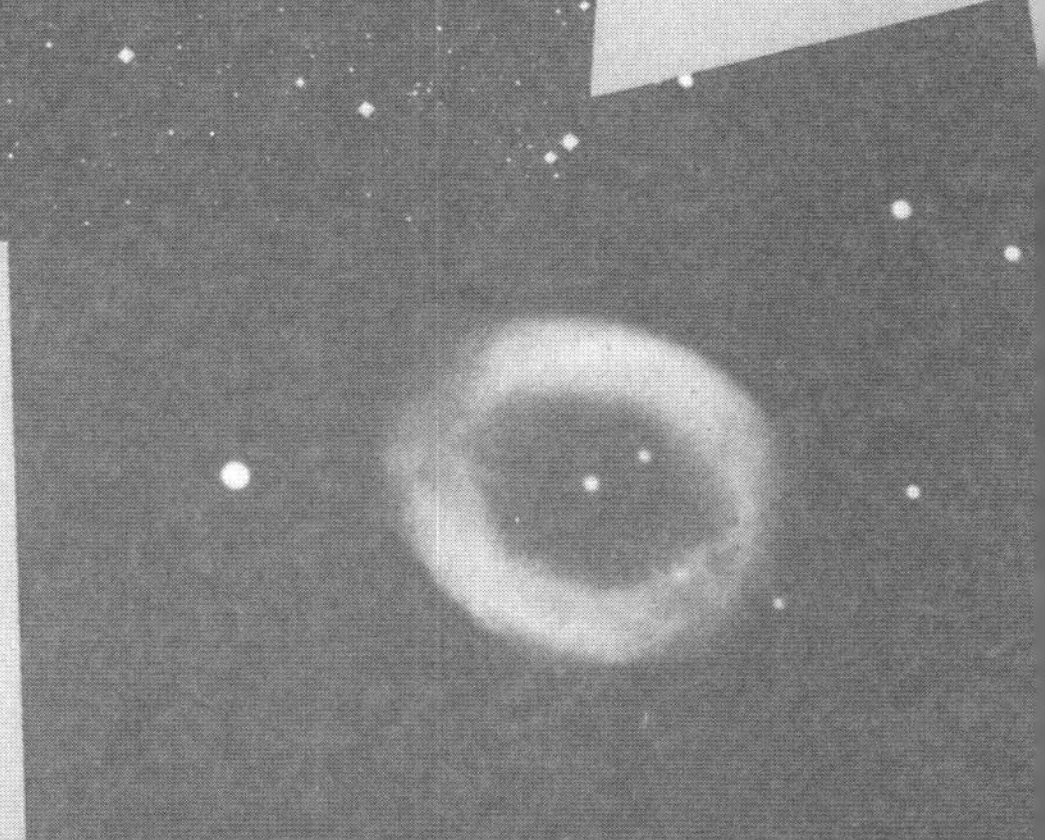

★こと座《ざ》の惑星《わくせい》状星雲《じょうせいうん》(環状星雲《かんじょうせいうん》)

サルガッソー

恐怖《きようふ》!! 宇宙船《うちゆうせん》の墓場《はかば》

そのむかし、屈強《くっきょう》な海《うみ》のあらくれ男《おとこ》たちが震《ふる》えあがったという伝《でん》説《せつ》のサルガッソー海《かい》――。その恐《おそ》るべき場所《ばしょ》が宇宙《うちゅう》にもある。この近《ちか》くを航行《こうこう》する宇宙船《うちゅうせん》は、サルガッソー海《かい》の海草《かいそう》と同《おな》じような、生《い》き物《もの》のように伸《の》びる強力《きょうりょく》な電磁場《でんじば》にのみこまれるのだ。一度《と》、捕《とら》えられた宇宙船《うちゅうせん》は、まったくその航《こう》行機能《こうきのう》を失《うしな》い、二度《と》と脱出《だっしゅつ》できない。

この宇宙《うちゅう》のサルガッソー海《かい》には、無数《むすう》の宇宙船《うちゅうせん》の残骸《ざんがい》が漂《ただよ》っている。それは、底知《そこし》れぬ海《うみ》に漂《ただよ》う中世《ちゅうせい》の沈没船《ちんぼつせん》を想《おも》い起《お》こさせる。

まさにそこには、宇宙船《うちゅうせん》の墓場《はかば》というにふさわしい、不気味《ぶきみ》な光《こう》景《けい》がみられるだろう。

グラリ（?）宇宙震《うちゅうしん》

アッという間《ま》に銀河《ぎんが》の一部《ぶ》が消滅《しょうめつ》した。それこそ、宇宙《うちゅう》震《しん》が原因《げんいん》で起《お》きた悲惨《ひさん》なできごとだ。宇宙震《うちゅうしん》は、地震《じしん》のように宇宙空間《うちゅうくうかん》にひずみを作《つく》る。その部分《ぶぶん》は、異次元《いじげん》の世界《せかい》へ落《お》ちこんでしまうのだ。

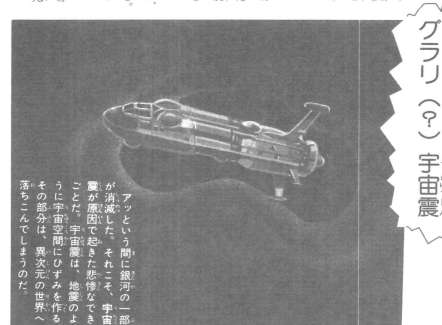

SF《エスエフ》の世界《せかい》

宇宙《うちゅう》のおとし穴《あな》
ブラック・ホール

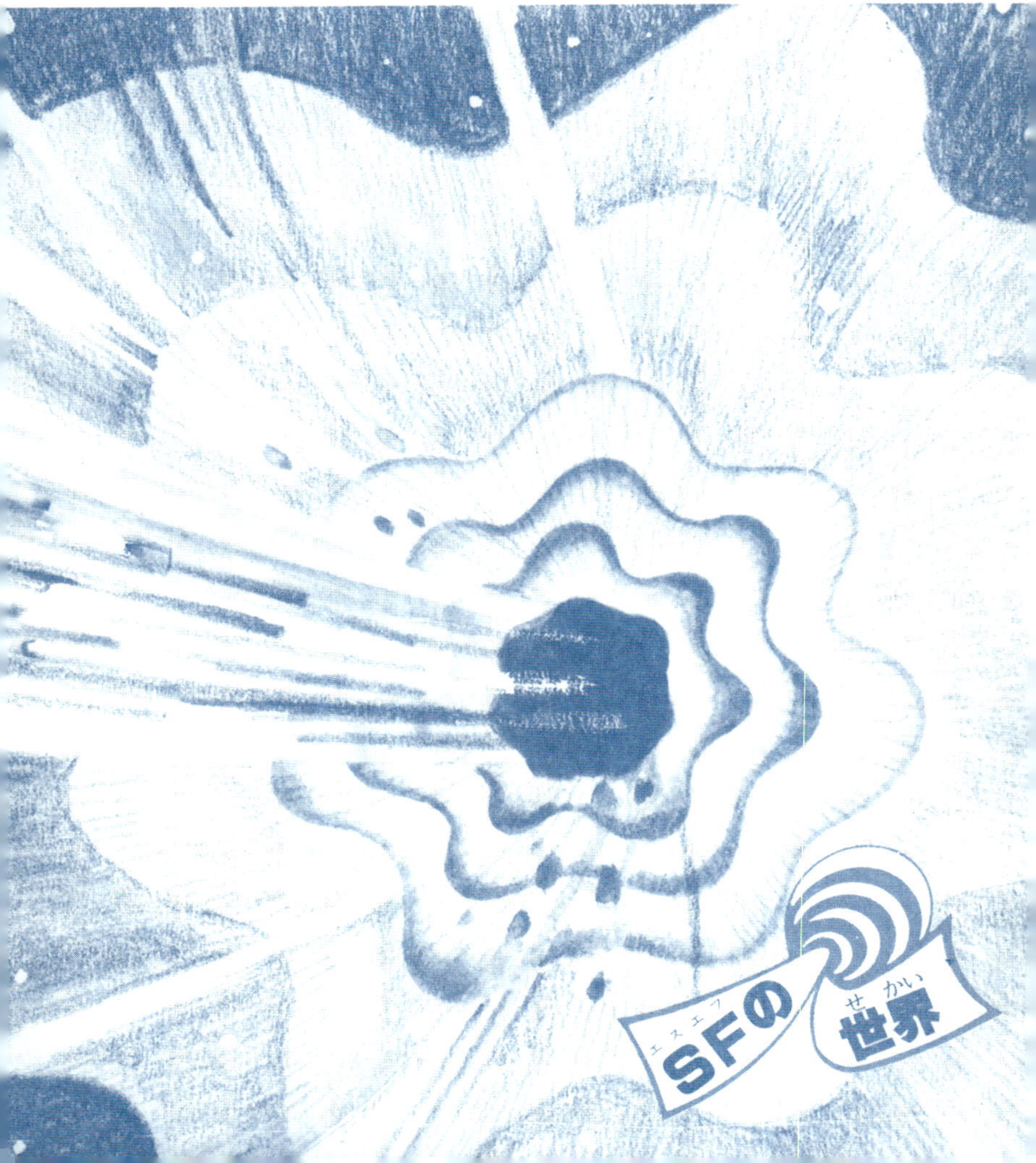

快適《かいてき》な旅《たび》を続《つづ》けていた宇宙船《うちゅうせん》は、突然《とつぜん》、恐怖《きょうふ》のどん底《ぞこ》にたたき落《お》とされた。すべての計器《けいき》は狂《くる》い、自力《じりょく》の航行《こうこう》は不可能《ふかのう》だ。なすすべもなく宇宙船《うちゅうせん》は、やがてその行《ゆ》く手《て》に待《ま》ちかまえている一点《てん》に吸《す》いこまれていき、船体《せんたい》は、目《め》にみえないほどの大《おお》きさにおしつぶされてしまった。これこそ、宇宙《うちゅう》の落《お》とし穴《あな》として人々《ひとびと》から恐《おそ》れられているブラック・ホールだ!!

これが
ブラック・ホールの正体《しょうたい》だ!!

　一個《こ》の恒星《こうせい》は、しだいに活動《かつどう》を激《はげ》しくして赤色超巨星《せきしょくちょうきょせい》となる。そして大爆発《だいばくはつ》を起《お》こして超新星《ちょうしんせい》となる。この時《とき》、星《ほし》の大《おお》きさによってブラック・ホールや白色矮星《はくしょくわいせい》などになる。

ブラック・ホールの正体《しょうたい》

　大型《おおがた》の恒星《こうせい》は進化《しんか》すると、ひじょうに密度《みつど》の高《たか》い状態《じょうたい》になる。それが白色矮星《はくしょくわいせい》で、さらに密度《みつど》が高《たか》くなると中性子《ちゅうせいし》星《せい》（中性子《ちゅうせいし》のかたまり）になる。この段階《だんかい》をも越《こ》えて、より凝縮《ぎょうしゅく》した星《ほし》は、そこに生《しょう》じるすさまじい重力場《じゅうりょくば》のため、周《まわ》りの空間《くうかん》を歪《ゆが》めてしまう。そして、光《ひかり》までが外《そと》へ出《で》られなくなってしまって、星《ほし》のすがたがまったく消《き》えさった闇《やみ》のかたまりのような状態《じょうたい》になる。

と言《い》っても、それは目《め》にみえないだけで、強力《きょうりょく》な重力場《じゅうりょくば》は残《のこ》っていて、周《まわ》りのものを吸《す》いよせるのだ。

　たとえば、この地球《ちきゅう》がどんどん凝縮《ぎょうしゅく》していったとして、この星《ほし》がブラック・ホールになった時《とき》はビー玉《だま》ほどのかたまりになっているのだ!!

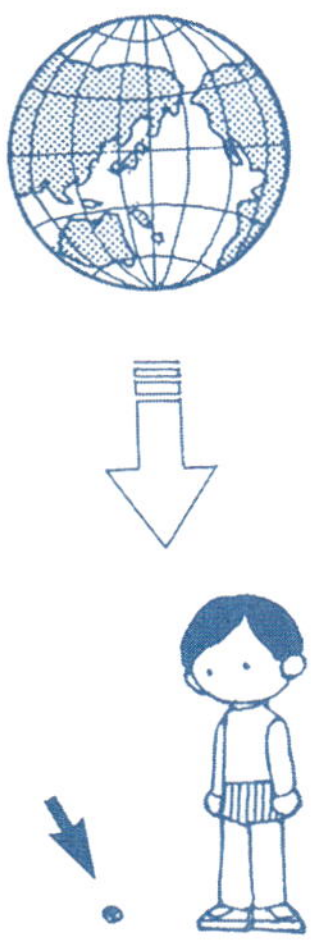

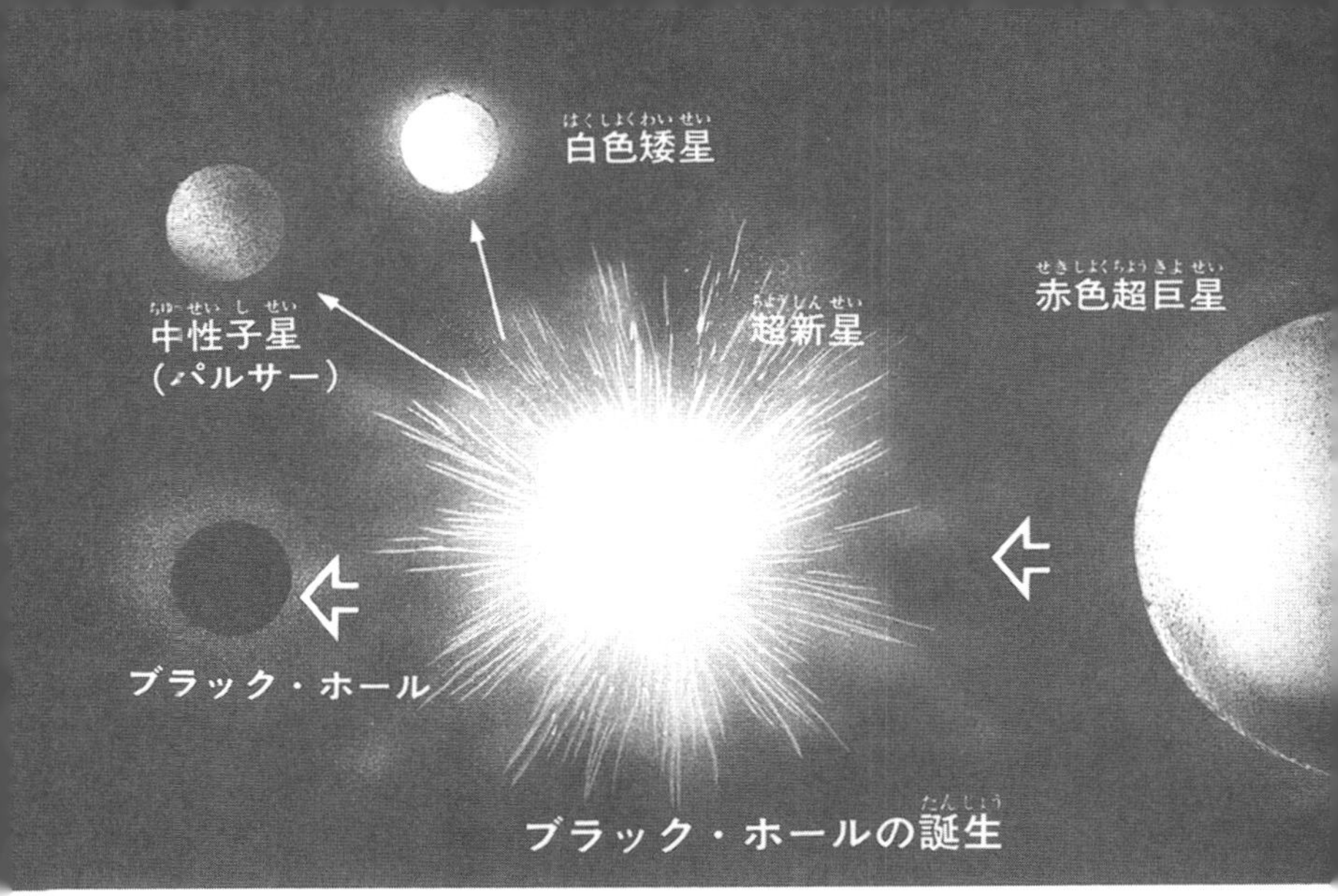

ブラック・ホールの誕生《たんじょう》

こんなところにあるゾ……ブラック・ホール

現在《げんざい》、ブラック・ホールは、次《つぎ》のような所《ところ》に実在《じつざい》すると考《かんが》えられている——!!

- おとめ座《ざ》M《エム》88星雲《せいうん》
- 白鳥座《はくちょうざ》「シグナスX《エックス》−1」
- 一角座《いっかくざ》X《エックス》−1
- ぎょ者座《しゃざ》イプシロン星《せい》
- こと座《ざ》ベータ星《せい》
- 銀河系《ぎんがけい》の中心部《ちゅうしんぶ》

脅威《きょうい》!!
宇宙海賊《うちゅうかいぞく》

20××年《ねん》、この頃《ころ》になると、宇宙旅行《うちゅうりょこう》もようやく日常《にちじょう》のことになった。あちこちに作《つく》られたスペース・ターミナルも活況《かつきょう》を呈《てい》し、その間《あいだ》を行《ゆ》き交《か》う星間連絡船《せいかんれんらくせん》も順調《じゅんちょう》に飛行《ひこう》を続《つづ》けている。この船《ふね》は、多《おお》くの旅行者《りょこうしゃ》や重要《じゅうよう》な物資《ぶっし》を運《はこ》ぶ役目《やくめ》を果《は》たしている。しかし、この船《ふね》を狙《ねら》って、最近《さいきん》、宇宙海賊《うちゅうかいぞく》が出没《しゅつぼつ》しはじめた。

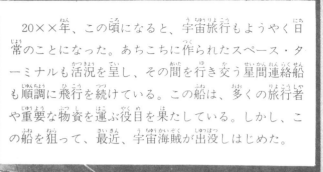

SF《エスエフ》の世界《せかい》

守《まも》れ!! 宇宙《うちゅう》の正義《せいぎ》を

——スペース・パトロール

宇宙《うちゅう》海賊《かいぞく》に代表《だいひょう》される、宇宙《うちゅう》の敵《てき》たちを取《と》り締《しま》るための組織《そしき》が成立《せいりつ》してもおかしくはない。彼《かれ》らこそ、よりすぐれた行動力《こうどうりょく》と頭脳《ずのう》を持《も》ち、何億《なんおく》の人類《じんるい》の中《なか》から選《えら》ばれた人々《ひとびと》によって、構成《こうせい》されるスペース・パトロール隊《たい》だ。

彼《かれ》らは、宇宙《うちゅう》にはびこる悪《あく》を倒《たお》すためパトロール艇《てい》に乗《の》って日夜《にちや》戦《たたか》い続《つづ》けているのだ。

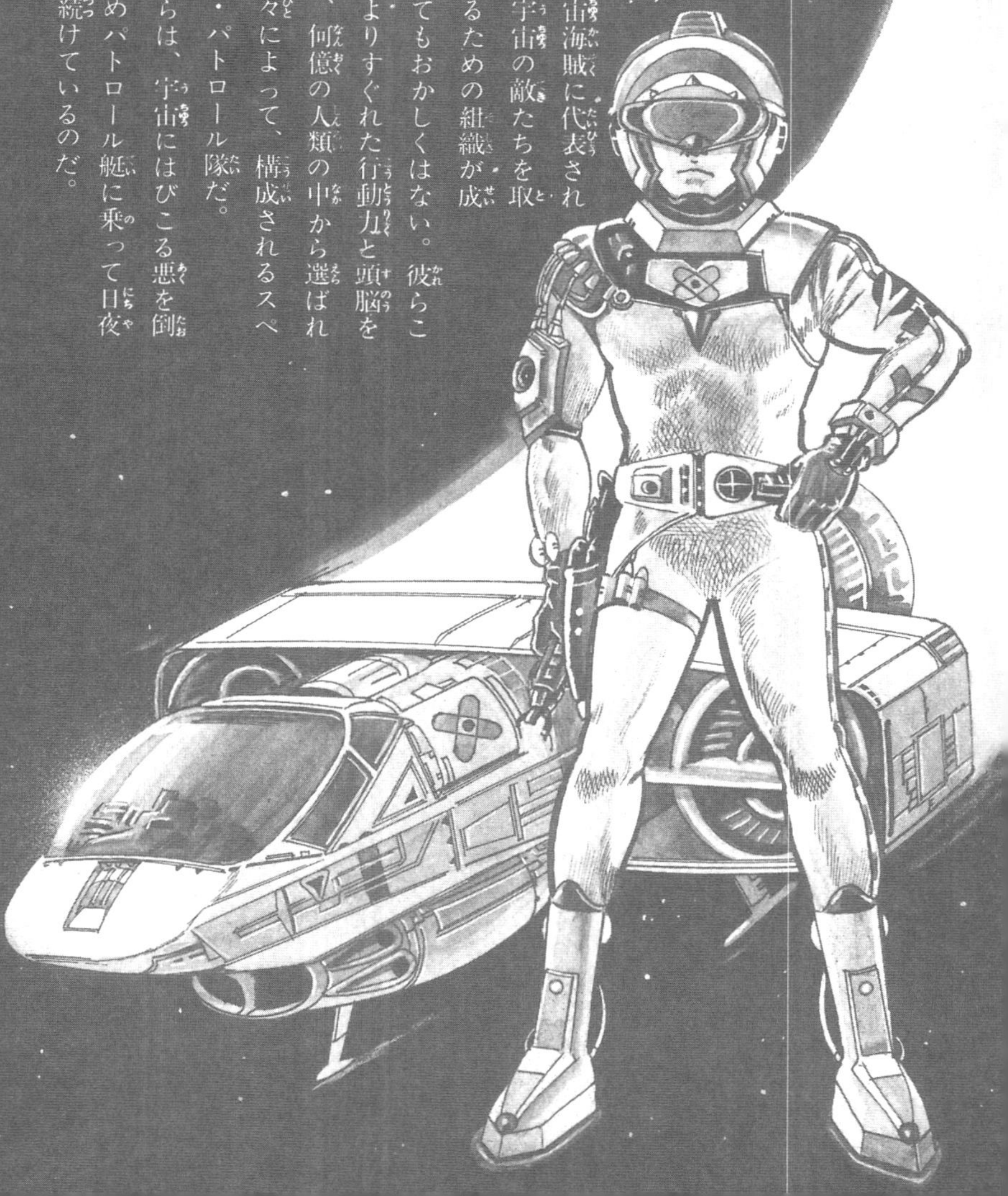

これが スペース・パトロール だ!!

SF《エスエフ》の世界《せかい》

国際宇宙委員会《こくさいうちゅういいんかい》

宇宙警察《うちゅうけいさつ》

パトロール・ステーション(警察庁《けいさつちょう》)

- 宇宙犯罪科学研究所《うちゅうはんざいかがくけんきゅうじょ》
- パトロール隊員訓練所《たいいんくんれんじょ》

(銀河《ぎんが》パトロール隊《たい》の中央機構《ちゅうおうきこう》)

銀河《ぎんが》パトロール本部《ほんぶ》

- パトロール総監《そうかん》(パトロール隊員《たいいん》の指揮《しき》)
- 最高基地司令官《さいこうきちしれいかん》
- 銀河《ぎんが》パトロール隊《たい》

パトロール長官《ちょうかん》

パトロール犬《けん》

犯人《はんにん》追跡《ついせき》や、犯人《はんにん》の襲撃《しゅうげき》に使《つか》われる。宇宙空間《うちゅうくうかん》をミニ・ロケットのように飛《と》び、時《とき》には爆弾《ばくだん》を体内《たいない》にセットする。

パトロール隊員《たいいん》

ふだんはパトロール艇《てい》で見回《みまわ》りをしている。本部《ほんぶ》の指令《しれい》によって最高装備《さいこうそうび》の宇宙船《うちゅうせん》で出動《しゅつどう》、じん速《そく》な行動《こうどう》により犯罪者《はんざいしゃ》を追《お》う。

看護隊《かんごたい》

訓練所《くんれんじょ》にあるパトロール隊専用《たいせんよう》病院《びょういん》で勉強《べんきょう》した女性《じょせい》たちで構成《こうせい》。

戦闘員《せんとういん》

おもに小型兵器《こがたへいき》をあつかい、実《じっ》際《さい》に戦場《せんじょう》で戦《たたか》う。

■銀河《ぎんが》パトロールの規約《きやく》(一部《ぶ》)

- 宇宙公共《うちゅうこうきょう》の秩序《ちつじょ》を維持《いじ》し、ならびに事故《じこ》や犯罪《はんざい》の危険《きけん》からすべての宇宙住民《うちゅうじゅうみん》を保護《ほご》する。
- 宇宙犯罪《うちゅうはんざい》の予防《よぼう》、摘発《てきはつ》および海賊《かいぞく》の取《と》りしまりを含《ふく》めて、法律《ほうりつ》をおこなう責任《せきにん》を持《も》つ。

スペース・パトロール

隊員《たいいん》になる条件《じょうけん》

21世紀《せいき》の子供《こども》たちのあこがれは、スペース・パトロールの隊員《たいいん》になることだ。世界中《せかいじゅう》から選《えら》びぬかれた彼《かれ》らは、宇宙《うちゅう》での生活《せいかつ》に耐《た》え、悪《あく》と闘《たたか》い、そして、くじけることを知《し》らない精神力《せいしんりょく》を持《も》つ、宇宙時代《うちゅうじだい》が生《う》んだ新《あたら》しいヒーローたちだ。

隊員《たいいん》たちの訓練《くんれん》

常《つね》に死《し》の危険《きけん》をおかしながらも正義《せいぎ》のために戦《たたか》うスペース・パトロール。連日《れんじつ》のきびしい訓練《くんれん》だけが、彼《かれ》らの生命《せいめい》を守《まも》る。では、その訓練《くんれん》とはどんな内容《ないよう》なのだろうか——!?

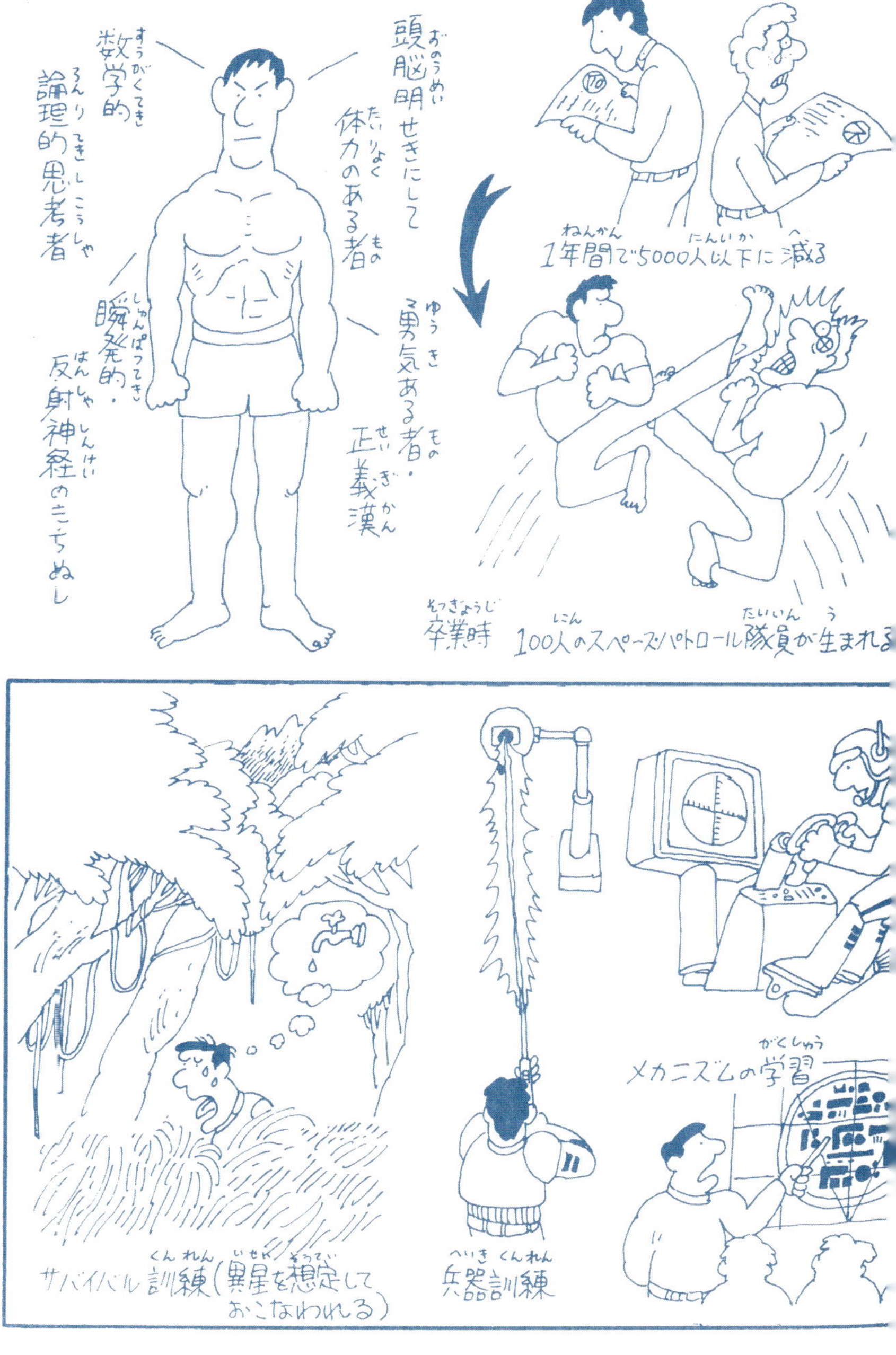
数学的《すうがくてき》
論理的思考者《ろんりてきしこうしゃ》
頭脳明《ずのうめい》せきにして
体力《たいりょく》のある者《もの》
瞬発的《しゅんぱつてき》・
反射神経《はんしゃしんけい》のもちぬし
勇気《ゆうき》ある者《もの》・
正義漢《せいぎかん》
1年間《ねんかん》で5000人以下《にんいか》に減《へ》る
卒業時《そつぎょうじ》 100人《にん》のスペース・パトロール隊員《たいいん》が生《う》まれる
サバイバル訓練《くんれん》(異星《いせい》を想定《そうてい》しておこなわれる)
兵器訓練《へいきくんれん》
メカニズムの学習《がくしゅう》

見《み》知《し》らぬ星《ほし》の下《もと》で

小隅《こずみ》　黎《れい》

きょうも、宇宙《うちゅう》のどこかで、出身惑星《しゅっしんわくせい》を異《こと》にする知的生命同士《ちてきせいめいどうし》の出会《であ》いや、交渉《こうしょう》が行《おこな》われていることだろう。カール・セイガン博士《はかせ》の推定《すいてい》によると、銀《ぎん》河系内《がけいない》には、地球人《ちきゅうじん》なみかそれ以上《いじょう》の科学技術《かがくぎじゅつ》をもった知性種族《ちせいしゅぞく》が、１００万種《まんしゅ》もいる可能性《かのうせい》があるという。われわれ地球人類《ちきゅうじんるい》も、いずれ、さまざまな異《い》星人《せいじん》と接触《せっしょく》し、交渉《こうしょう》をもつようになるはずだ。

それは、どんなふうにはじまるのだろうか……？

映画《えいが》『未知《みち》との遭遇《そうぐう》』のように、異星人《いせいじん》の乗《の》ったＵＦＯ《ユーエフオー》が地球《ちきゅう》へ飛来《ひらい》するのか？　宇宙《うちゅう》の深《ふか》みのかなたで、地球人《ちきゅうじん》と異星人《いせいじん》の船《ふね》が、ばったり出《で》くわすのか？　それとも、地球人《ちきゅうじん》の宇宙船《うちゅうせん》が、さきにむこうの惑星《わくせい》へ到着《とうちゃく》するということになるのだろうか？

そして、その遭遇《そうぐう》の結果《けっか》は？　多《おお》くのＳＦ《エスエフ》作品《さくひん》がその問題《もんだい》をあつかってきた。アメリカのマレイ・ラインスター『最初《さいしょ》の接触《せっしょく》』では、宇宙《うちゅう》で出会《であ》った地《ち》球《きゅう》と異星《いせい》の宇宙船《うちゅうせん》が、はじめはおたがいに警戒《けいかい》しているが、やがてすっかり打《う》ちとけあう。ソビエトのイワン・エフレーモフの『宇宙《あま》翔《か》けるもの』に登場《とうじょう》する異星《いせい》の弗素生物《ふっそせいぶつ》は、最初《さいしょ》からきわめて友好的《ゆうこうてき》で、何《なん》のトラブルも起《お》こらない。

しかし、過去《かこ》の地球《ちきゅう》の歴史《れきし》をふりかえると、異民《いみん》族間《ぞくかん》の接触《せっしょく》は、つねに悲劇《ひげき》であった。マヤやインカの滅亡《めつぼう》、アフリカ黒人《こくじん》の奴《ど》レイ化《か》など、人間《にんげん》の欲望《よくぼう》と残虐性《ざんぎゃくせい》がむきだしになった例《れい》は多《おお》い。異星人《いせいじん》との接触《せっしょく》も、そんなふうでないとは誰《だれ》がいえよう。その場《ば》合《あい》われわれ地球人《ちきゅうじん》は、殺《ころ》す側《がわ》だろうか、殺《ころ》される側《がわ》だろうか？　それとも、いろいろなＳＦ《エスエフ》に描《えが》かれているような、大宇宙《だいうちゅう》を舞台《ぶたい》とする凄惨《せいさん》な戦《たたか》いがまきおこるのだろうか……？

〈54ページへつづく〉

見《み》知《し》らぬ星《ほし》の下《もと》で——ファーストコンタクト

　そうなってはほしくないものだが、そうならないという保証《ほしょう》はない。地球人《ちきゅうじん》が、地球《ちきゅう》人流《じんりゅう》のやりかたで平和《へいわ》を求《もと》めても、異星人《いせいじん》の平和《へいわ》を求《もと》めるやりかたとちがっているために、くいちがいが起《おこ》るというような場合《ばあい》も考《かんが》えられるからだ。それでも、戦《たたか》いは、できるだけ避《さ》けたいものである。理性《りせい》を異《こと》にする種族同士《しゅぞくどうし》が、巨大《きょだい》なエネルギーをもった兵《へい》器《き》を使《つか》ってぶつかりあうとき、その戦《たたか》いは、これまでの地球《ちきゅう》上《じょう》のどんな戦争《せんそう》よりも悲惨《ひさん》なものになると思《おも》われるからだ。

　宇宙戦争《うちゅうせんそう》の回避《かいひ》こそ、宇宙《うちゅう》に真《しん》の平和《へいわ》が来《く》る時《とき》なのだ。

PART-2

惑星間大戦争《わくせいかんだいせんそう》

銀河《ぎんが》の片隅《かたすみ》に死《し》んだように静《しず》かな小惑星《しょうわくせい》がある。その星《ほし》に埋《う》もれた超合金《ちょうごうきん》の板《いた》に、恐《おそ》るべき惑星間戦争《わくせいかんせんそう》の全《ぜん》ぼうが語《かた》られていた。そして今《いま》、そのすべてが明《あき》らかにされようとしているのだ。

読《どく》による惑星間戦争《わくせいかんせんそう》の全《ぜん》ぼう——その発端《ほったん》

危《あや》うし!!宇宙基地《うちゅうきち》

記録板《きろくばん》の

突如《とつじょ》飛来《ひらい》した、宇宙艦隊《うちゅうかんたい》の大型母艦《おおがたぼかん》から発進《はっしん》した小型宇宙艇《こがたうちゅうてい》が、次々《つぎつぎ》とスペース・ターミナルに攻撃《こうげき》をかけた。入《い》り乱《みだ》れて炸裂《さくれつ》する光線砲《こうせんほう》の光《ひかり》の帯《おび》が、宇宙《うちゅう》の闇《やみ》をいくつにも引《ひ》きちぎる。

一方《いっぽう》、スペース・ターミナルからも小型宇宙艇《こがたうちゅうてい》が応戦《おうせん》に出撃《しゅつげき》する。彼《かれ》らは、何《なん》としても、この基地《きち》を守《まも》らなければならない。

スペース・ターミナルは最前線《さいぜんせん》の宇宙基地《うちゅうきち》だ。この攻防戦《こうぼうせん》こそ、果《は》てしない宇宙戦争《うちゅうせんそう》の幕開《まくあ》けを告《つ》げるものなのだ。

金属崩壊《きんぞくほうかい》ガス

すべての金属《きんぞく》をくさらせてしまう。どんどん増殖《ぞうしょく》する性質《せいしつ》をもっている。

重力等化機《じゅうりょくとうかき》

電子《でんし》などの作用《さよう》により、限《かぎ》られた空間《くうかん》の重力《じゅうりょく》を自由《じゆう》にコントロールする。

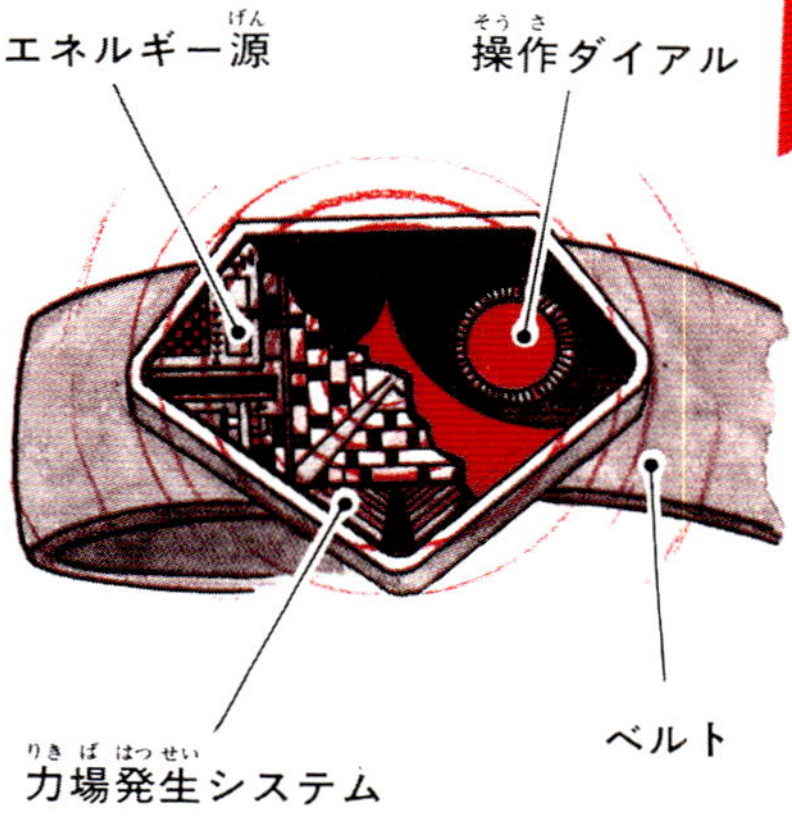

SF《エスエフ》ヒーロー名鑑《めいかん》

■**キャプテン・ケネディ**＝出身《しゅっしん》はグレゴリー・カーンのシリーズ。最高級《さいこうきゅう》の科学《かがく》力《りょく》と、あらゆる武術《ぶじゅつ》を身《み》につけ、冷静《れいせい》で的確《てきかく》な判断力《はんだんりょく》を持《も》ったヒーローである。彼《かれ》は、自分《じぶん》の体《からだ》の新陳代謝《しんちんたいしゃ》までコントロールできるスゴい奴《やつ》だ。

キャプテン・ケネディは、テラ勢力《せいりょく》という自治体《じちたい》の治安《ちあん》を守《まも》るために立上《たちあが》る。**MALACA**《マラカ》（機動調査建設局《きどうちょうさけんせつきょく》）と呼《よ》ばれる治安局《ちあんきょく》が手《て》を焼《や》く事件《じけん》が起《お》きると、ただちに出動《しゅつどう》する。彼《かれ》は、**FATE**《フェート》と呼《よ》ばれる機関《きかん》の特殊捜査隊長《とくしゅそうさたいちょう》なのだ。

☆**仲間《なかま》たち**＝カメレオン以上《いじょう》の変《へん》そう能力《のうりょく》を持《も》っている**フウィーム・ケミル**。高《たか》い重力《じゅうりょく》の星《ほし》からやって来《き》た怪力《かいりき》の持《も》ち主《ぬし》**ペンザ・サラトフ**。宇宙《うちゅう》一の科学者《かがくしゃ》**ジャール・ルーデン**教授《きょうじゅ》の三人《にん》が強力《きょうりょく》な部下《ぶか》として活《かつ》やくする。

☆**宇宙船《うちゅうせん》**＝銀河《ぎんが》の正義《せいぎ》のために宇宙《うちゅう》せましと活《かつ》やくするのは**モルディン号《ごう》**。

☆**敵《てき》**＝ネコに似《に》た**シナ・ラハリ**。惑星《わくせい》メテラーゼの総統《そうとう》**カジム**。爬虫類《はちゅうるい》の知性体《ちせいたい》**エルガ・ズプレニツ**など。

非実体化装置《ひじつたいかそうち》

物質《ぶっしつ》の原子《げんし》を振動《しんどう》させて、一部《ぶ》のすき間《ま》を作《つく》り、どんな障害物《しょうがいぶつ》でも通《とお》りぬけてしまう。

不可視装置《ふかしそうち》

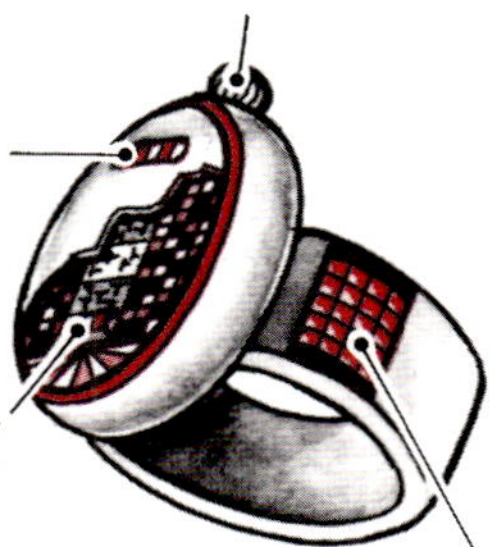

周囲《しゅうい》の空間《くうかん》に力線《りきせん》を作用《さよう》させて、目《め》に見《み》える光線《こうせん》（可視《かし》光線《こうせん》）をすべて曲《ま》げてしまう装置《そうち》。この作用《さよう》によって自分《じぶん》の姿《すがた》を消《け》すことができる。

SF《エスエフ》ヒーロー名鑑《めいかん》

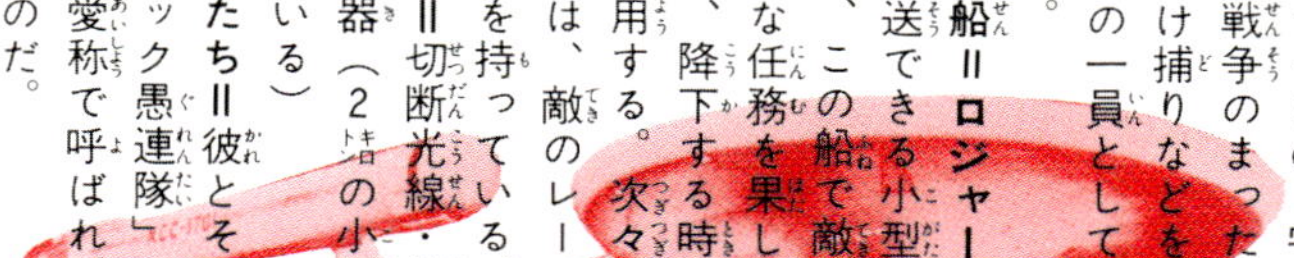

■ジョニー・リコ＝出身《しゅっしん》はロバート・A《エー》ハインラインの『宇宙《うちゅう》の戦士《せんし》』

宇宙戦争《うちゅうせんそう》のまっただ中《なか》、人質《ひとじち》の奪回《だっかい》や敵《てき》の生《い》け捕《ど》りなどを任務《にんむ》とする特殊《とくしゅ》な戦略部隊《せんりゃくぶたい》の一員《いん》として大《だい》かつやくするヒーローだ。

☆**宇宙船《うちゅうせん》＝ロジャー・ヤング号《ごう》**（一個小隊《こしょうたい》を輸送《ゆそう》できる小型《こがた》のコーベット艦《かん》）。

彼《かれ》は、この船《ふね》で敵地《てきち》に降下《こうか》して、次々《つぎつぎ》と危険《きけん》な任務《にんむ》を果《は》たしているのだ。

なお、降下《こうか》する時《とき》には三段式《だんしき》のカプセルを使用《しよう》する。次々《つぎつぎ》と離脱《りだつ》したカプセルの破片《はへん》は、敵《てき》のレーダーなどをかく乱《らん》する役割《やくわり》を持《も》っている。

☆**武器《ぶき》**＝切断光線《せつだんこうせん》・携帯火炎放射器《けいたいかえんほうしゃき》・Y《ワイ》型発射器《がたはっしゃき》（2キロトンの小《こ》型爆弾《がたばくだん》を射《う》つ威力《いりょく》を持《も》っている）

☆**仲間《なかま》たち**＝彼《かれ》とそのグループは、「ラスチャック愚連隊《ぐれんたい》」とか、「リコ愚連隊《ぐれんたい》」という愛称《あいしょう》で呼《よ》ばれ、敵《てき》からは恐《おそ》れられているのだ。

☆**敵《てき》**＝凶暴《きょうぼう》な惑星《わくせい》カレンダツウの**クモ型《がた》宇宙人《うちゅうじん》**など。

スペース・ガン

レーザー・ガン

レーザーは直進《ちよくしん》する。その目標《もくひよう》となるものはすべて破壊《はかい》してしまうが、周囲《しゆうい》に対《たい》してはほとんど効果《こうか》がない。至近距離用《しきんきよりよう》。

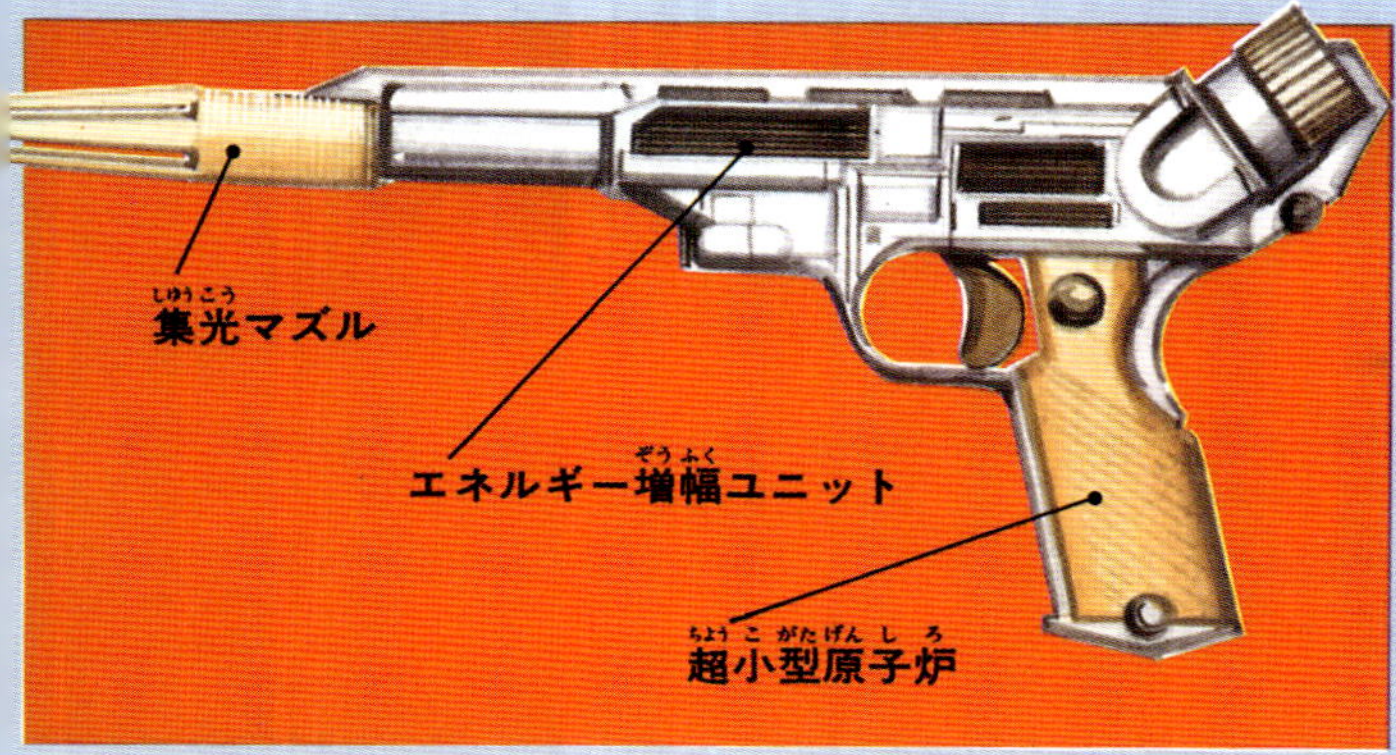

プロトン・ガン

内部《ないぶ》で陽子《ようし》を発生《はつせい》させ、それを一ヵ所《しよ》に集《あつ》めて投射《とうしや》する。その陽子《ようし》の流《なが》れによるエネルギーで目標物《もくひようぶつ》を破壊《はかい》する。至近距離用《しきんきよりよう》。

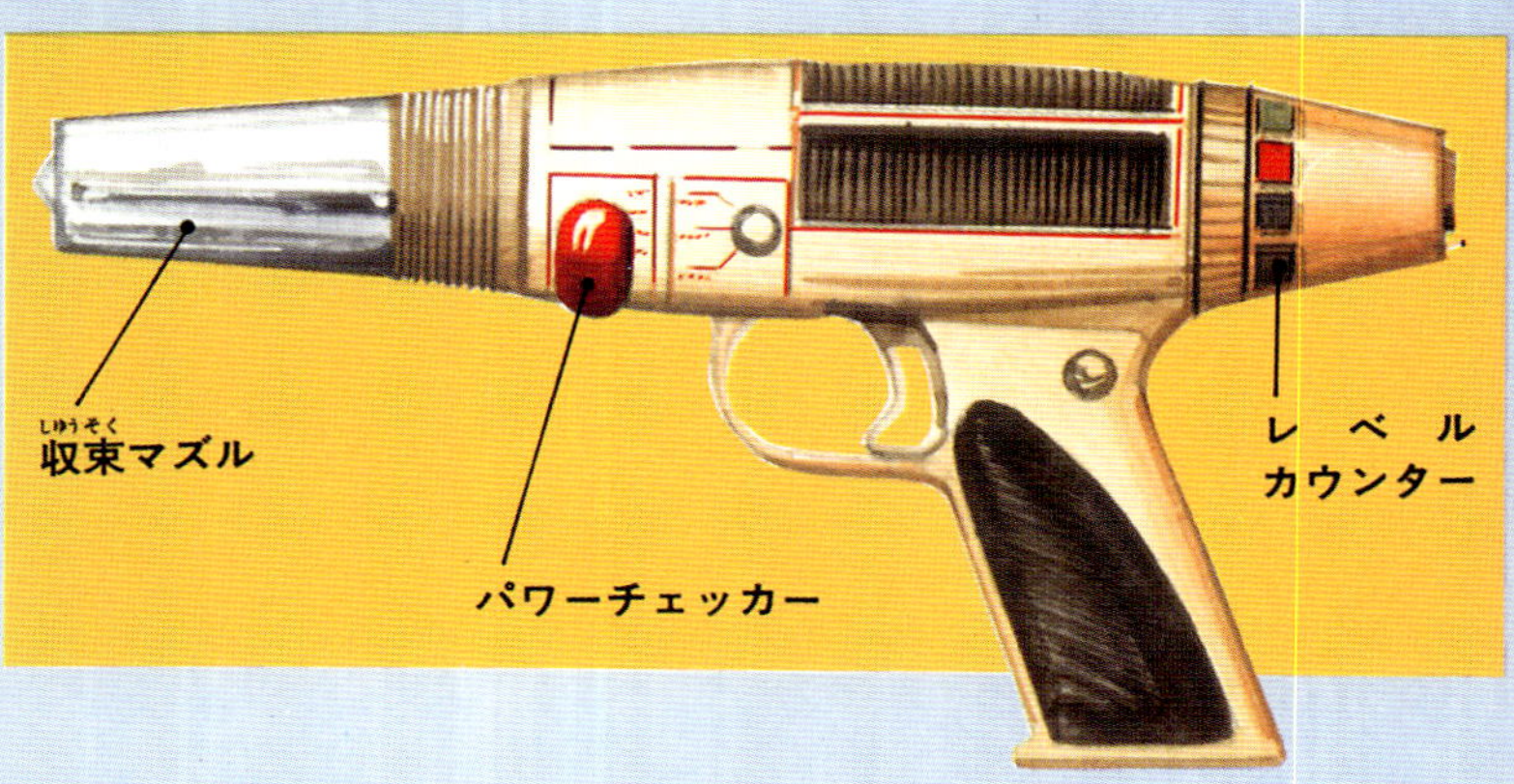

アトミック・ガン

核反応《かくはんのう》を利用《りよう》して、超高熱《ちょうこうねつ》および各種放射能線《かくしゅほうしゃのうせん》を発生《はっせい》させる。それをまとめてビームにして放射《ほうしゃ》する。中《ちゅう》型《がた》、遠距離用《えんきょりよう》。

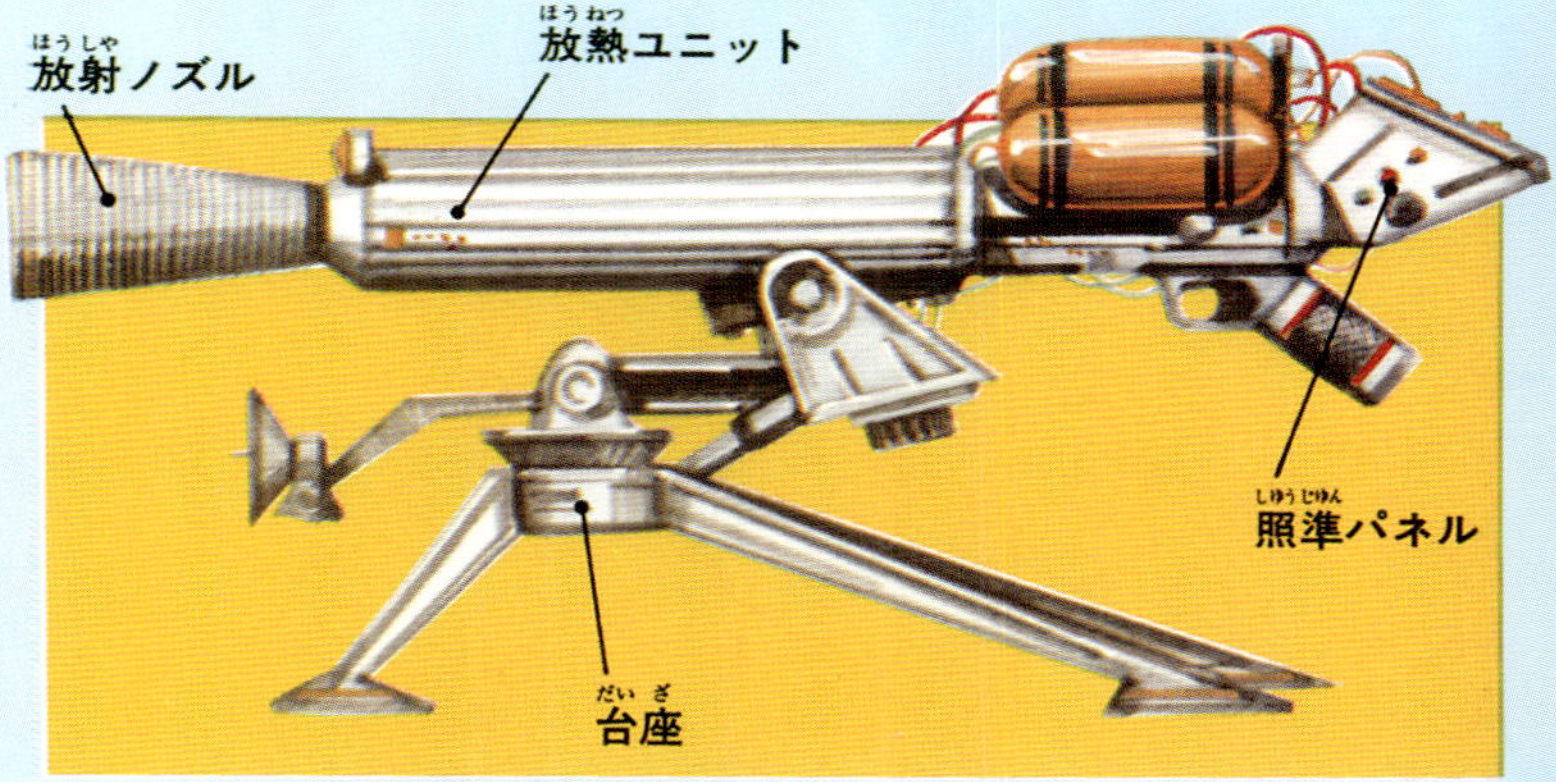

ソル・ガン

太陽熱《たいようねつ》を利用《りよう》した破壊力満点《はかいりょくまんてん》の兵器《へいき》。目標《もくひょう》物《ぶつ》は小《ちい》さな基地《きち》から、巨大都市《きょだいとし》までも破壊可《はかいか》能《のう》。中《ちゅう》～大型《おおがた》、遠距離用《えんきょりよう》。

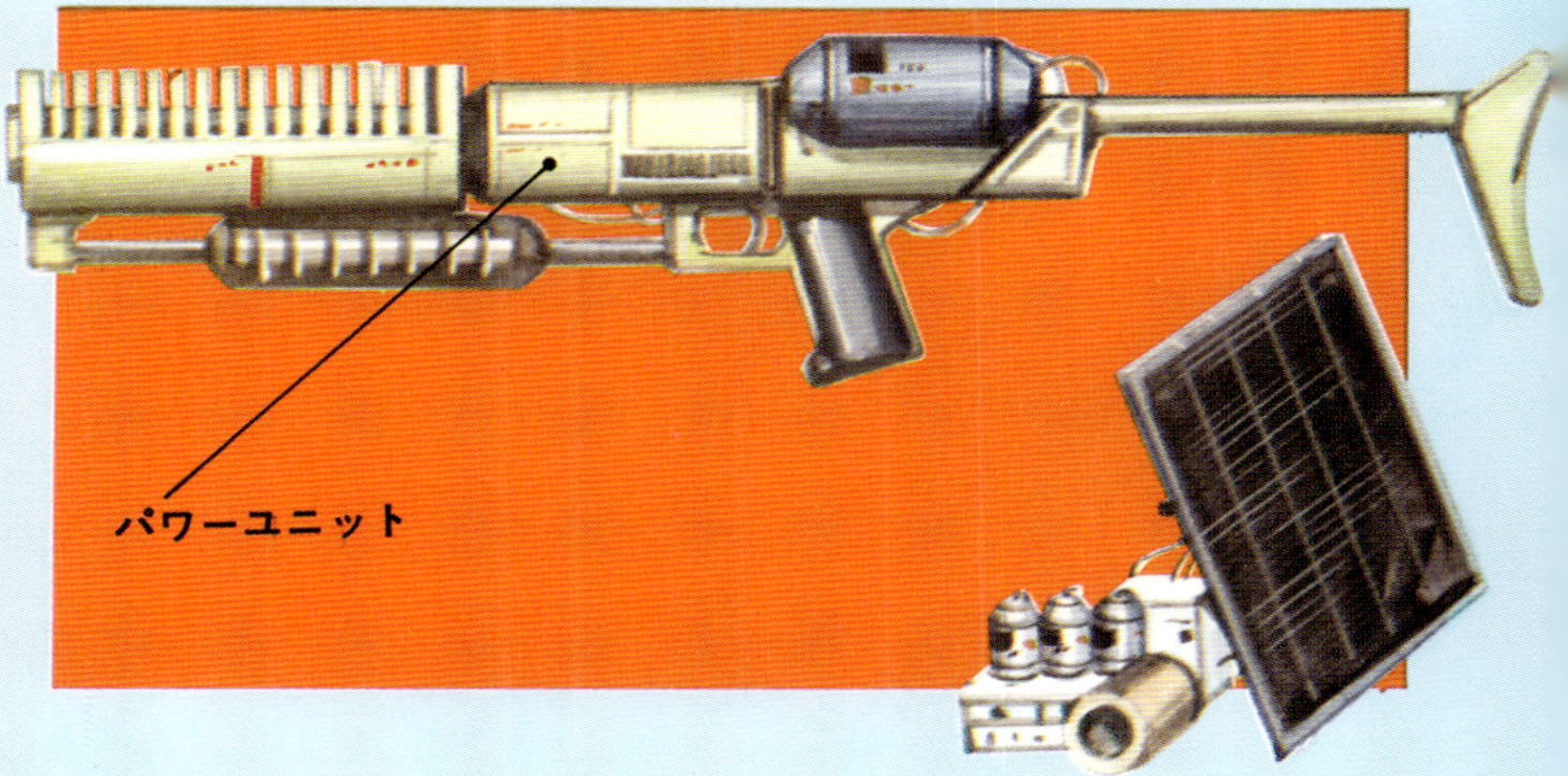

SF《エスエフ》ヒーロー名鑑《めいかん》

■**キャプテン・フューチャー**＝出身《しゅっしん》はエドモンド・ハミルトンの人気《にんき》シリーズ。本名《はんみょう》は**カーティス・ニュートン**。彼《かれ》は、身長《しんちょう》193センチメートル。がっしりした肩《かた》に赤《あか》い髪《かみ》、そしてハンサムでステキなヒーローだ。

☆**宇宙船《うちゅうせん》**＝銀河系《ぎんがけい》で知《し》らない人《ひと》はない有名《ゆうめい》な**コメット号《ごう》**が彼《かれ》の愛機《あいき》。21世紀《せいき》の初《はじ》めにおきた世界大戦後《せかいたいせんご》、太陽系《たいようけい》政府《せいふ》が成立《せいりつ》して、太陽系《たいようけい》のあらゆる惑星《わくせい》は惑星《わくせい》パトロールにより警護《けいご》されることとなった。しかし、警察力《けいさつりょく》もお手上《てあ》げの凶悪犯罪《きょうあくはんざい》が相《あい》ついでおき、キャプテン・フューチャーの登場《とうじょう》となる。彼《かれ》は、ふだんは月《つき》にあるチコ・クレーターにおり、警察《けいさつ》の連絡《れんらく》で出動《しゅつどう》する。

☆**仲間《なかま》たち**＝なき父《ちち》の友人《ゆうじん》で、脳《のう》だけで生《い》きつづけている**サイモン・ライト**、ロボットの**グラッグ**、アンドロイドの**オットー**。彼《かれ》らは、世《よ》に**フューチャー・メン**と呼《よ》ばれ、悪《あく》を倒《たお》すために宇宙《うちゅう》せましと暴《あば》れまわるのだ。そもそも、キャプテン・フューチャーが悪《あく》に対《たい》して立《た》ち上《あ》がったのは、両親《りょうしん》を悪党《あくとう》に殺《ころ》されたためである。

☆**敵《てき》**＝最大《さいだい》の敵《てき》は**ウル・クオルン博士《はかせ》**だ。彼《かれ》は、キャプテン・フューチャーの父母《ふぼ》を殺《ころ》した悪党《あくとう》の息子《むすこ》で、火星《かせい》と地球《ちきゅう》の混血児《こんけつじ》なのである。

その他《ほか》、火星《かせい》の小惑星帯《しょうわくせいたい》にある賭《と》ばく場《じょう》で悪《あく》の限《かぎ》りをつくす**ブーバス・ウーム**がいる。

その他《た》の宇宙銃《スペース・ガン》

レイ・ガンのほかにも、ヒート・ガン（熱線銃《ねつせんじゅう》）や、ソニック・ブラスター（音波銃《おんぱじゅう》）など、数多《かずおお》くの宇宙銃《うちゅうじゅう》（スペース・ガン）が使《つか》われる。

ヒート・ガン（熱線銃《ねつせんじゅう》）

強力《きょうりょく》な熱線《ねつせん》を放射《ほうしゃ》して敵《てき》を倒《たお》す。中《なか》には、敵《てき》のロケットや戦車《せんしゃ》の装甲《そうこう》を貫《つらぬ》くものもある。

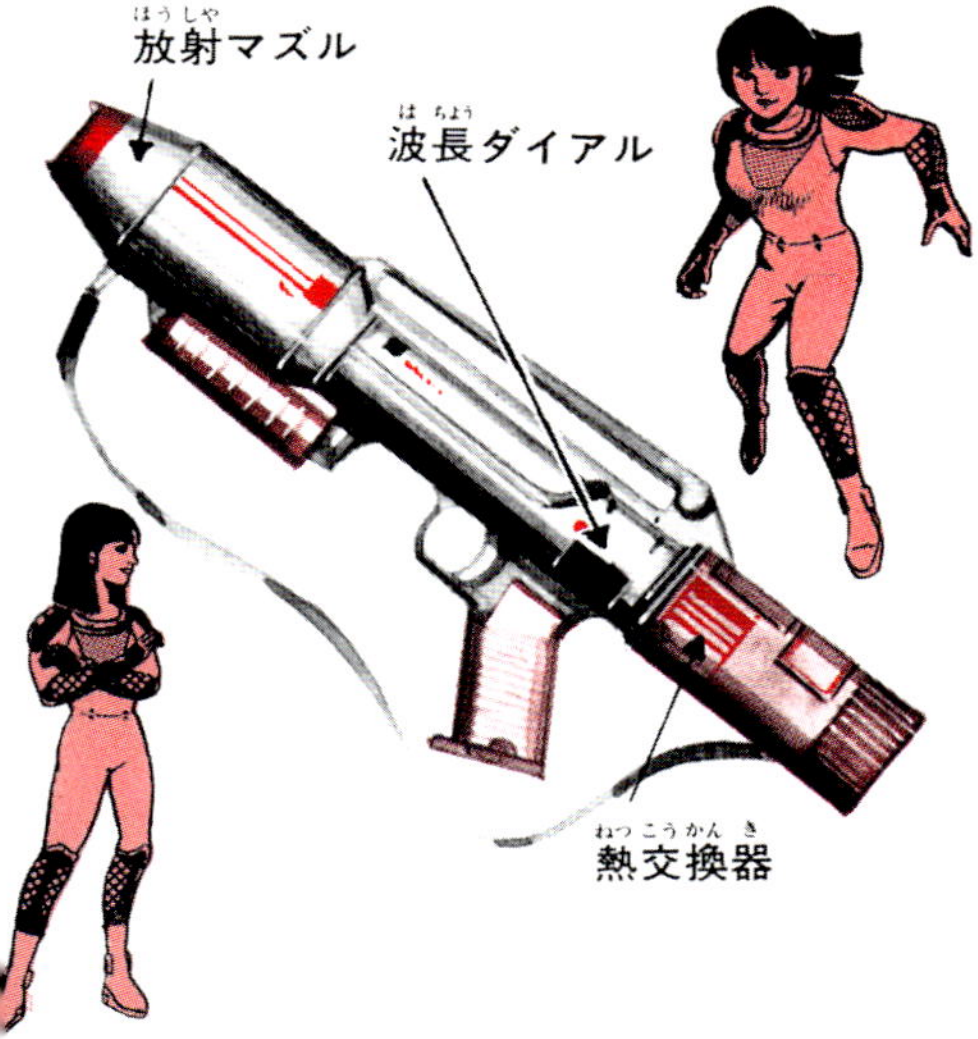

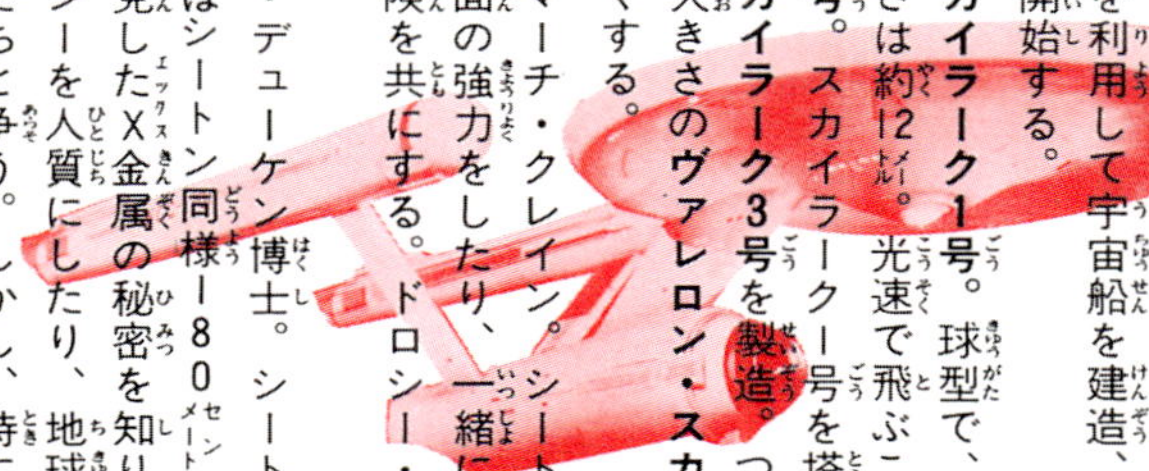

■**リチャード・シートン**＝出身《しゅっしん》はE《エー》・E《エー》・スミスの『スカイラーク・シリーズ』。身長《しんちょう》180《センチメートル》あまりのたくましい青年《せいねん》。大学《だいがく》の研究所《けんきゅうじょ》で偶然《ぐうぜん》、《X《エックス》金属《きんぞく》》の溶液《ようえき》を放射能《ほうしゃのう》にさらして銅《どう》と接触《せっしょく》させて強力《きょうりょく》なエネルギーを抽出《ちゅうしゅつ》した。この方法《ほうほう》を利用《りよう》して宇宙船《うちゅうせん》を建造《けんぞう》、大宇宙《だいうちゅう》をまたにかけた冒険《ぼうけん》を開始《かいし》する。

☆**宇宙船《うちゅうせん》**＝**スカイラーク1号《ごう》**。球型《きゅうがた》で、いくつかの突起《とっき》がある。大《おお》きさは約《やく》12《メートル》。光速《こうそく》で飛《と》ぶことができる。**スカイラーク2号《ごう》**。スカイラーク1号《ごう》を搭載《とうさい》する。続《つづ》いてより巨大《きょだい》な**スカイラーク3号《ごう》**を製造《せいぞう》。ついには、地球《ちきゅう》とほとんど同《おな》じ大《おお》きさの**ヴァレロン・スカイラーク号《ごう》**を完成《かんせい》して大活《だいかつ》やくする。

☆**仲間《なかま》たち**＝マーチ・クレイン。シートンと同《おな》じ学校《がっこう》の出身《しゅっしん》で、資金面《しきんめん》の強力《きょうりょく》をしたり、一緒《いっしょ》に宇宙船《うちゅうせん》を建造《けんぞう》して、宇宙《うちゅう》の冒険《ぼうけん》を共《とも》にする。ドロシー・シートンのすてきな恋人《こいびと》。

☆**敵《てき》**＝マーク・デューケン博士《はくし》。シートンのかつての同僚《どうりょう》である。彼《かれ》はシートン同様《どうよう》180《センチメートル》のたくましい男《おとこ》。シートンの発見《はっけん》したX金属《エックスきんぞく》の秘密《ひみつ》を知《し》り、横取《よこど》りしようとする。ドロシーを人質《ひとじち》にしたり、地球《ちきゅう》を支配《しはい》しようとしてシートンたちと争《あらそ》う。しかし、時《とき》には宇宙船《うちゅうせん》のエネルギー不足《ふそく》からシートンと手《て》を結《むす》んだりもする。

ソニック・ブラスター（音波銃《おんぱじゅう》）

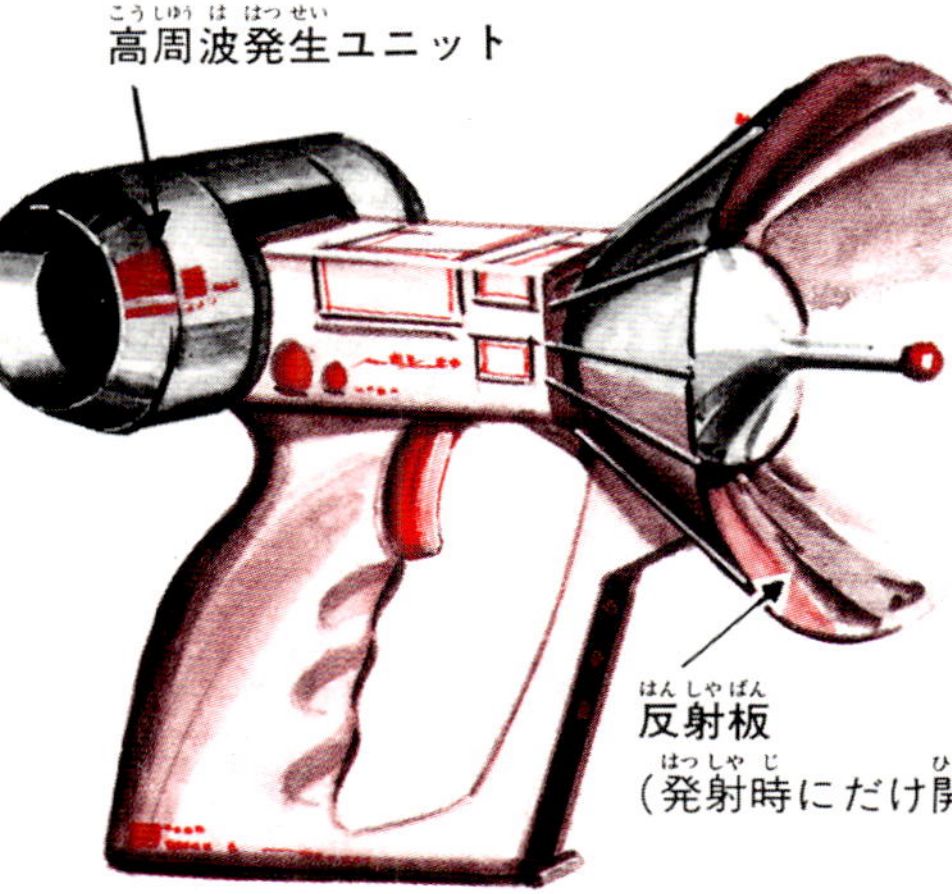
（発射時《はっしゃじ》にだけ開《ひら》く。

音波銃《おんぱじゅう》のこと。超音波《ちょうおんぱ》を利用《りよう》して、分子《ぶんし》の結合力《けつごうりょく》を破壊《はかい》してしまう。生物《せいぶつ》はもちろんのこと、どんな物体《ぶったい》をも分解《ぶんかい》してしまう。

小惑星上《しょうわくせいじょう》に建設《けんせつ》された宇宙基地《うちゅうきち》にも侵略軍《しんりゃくぐん》の攻撃《こうげき》が加《くわ》えられるにいたった。**コズモ・ローダン**とよばれる要《よう》さいが集中攻撃《しゅうちゅうこうげき》の的《まと》だ。敵《てき》と味方《みかた》の小型戦闘《こがたせんとう》ロケットが入《い》り乱《みだ》れて死闘《しとう》をくり広《ひろ》げる。

しかし、やがて宇宙軍団《うちゅうぐんだん》が要《よう》さいの一部《ぶ》に侵入《しんにゅう》した。彼《かれ》らは、手《て》に手《て》に持《も》ったスペース・ウェポンを駆使《くし》して、基地《きち》の奥《おく》へと進攻《しんこう》する。コズモ・ローダンに最大《さいだい》の危《き》機《き》が迫《せま》った!!

必死《ひっし》の攻防《こうぼう》!!

惑星基地《わくせいきち》の激戦《げきせん》

※この基地《きち》は、かつての英雄《えいゆう》ペリー・ローダンを記念《きねん》して命名《めいめい》された。

これが 宇宙《うちゅう》軍団《ぐんだん》の侵略《しんりゃく》兵器《へいき》だ

ひれのついた長《なが》めの銃身《じゅうしん》と、朝顔形《あさがおがた》の銃口《じゅうこう》が特徴《とくちょう》の重《おも》い小型銃《こがたじゅう》。それは不安定《ふあんてい》な核物質《かくぶっしつ》をエネルギーに変《か》え、永久磁場《えいきゅうじば》の力《ちから》によって白熱光《はくねつこう》を発《はっ》する。

ダイオン銃《じゅう》

銀河系《ぎんがけい》の中《なか》にあって最強《さいきょう》とうたわれる宇宙軍団《うちゅうぐんだん》の兵士《へいし》たちは、想像《そうぞう》を絶《ぜっ》する科学《かがく》の力《ちから》によって開発《かいはつ》された最新《さいしん》の武器《ぶき》を携帯《けいたい》しているゾ。

宇宙軍団《うちゅうぐんだん》の兵士《へいし》

宇宙《うちゅう》一の強力《きょうりょく》な戦力《せんりょく》を持《も》つ宇宙軍団《うちゅうぐんだん》の兵士《へいし》のニュースタイル。

ヘトダイン放射機《ほうしゃき》

生物《せいぶつ》の中枢神経《ちゅうすうしんけい》を分解《ぶんかい》させるエネルギー・ビームにより、一瞬《しゅん》にして相手《あいて》をマヒさせてしまう威力《いりょく》を持《も》っている知距離用《たんきょりよう》の小火器《しょうかき》だ。

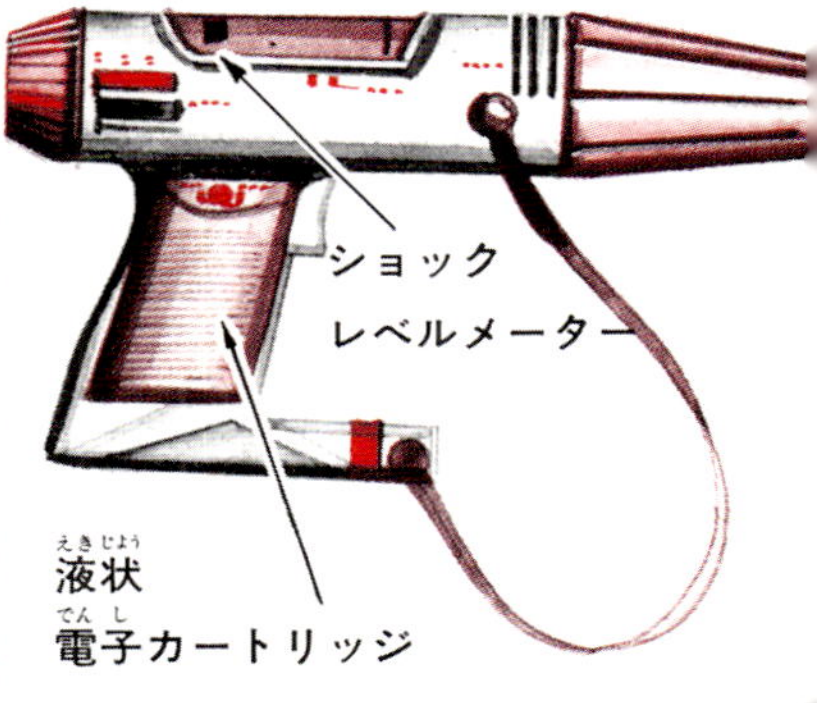

ディスインテグレーター

最新《さいしん》の宇宙兵器《うちゅうへいき》は、ただたんに相手《あいて》を殺《ころ》すだけではない。まったく形《かたち》を残《のこ》さずに相手《あいて》を消《け》す威力《いりょく》を持《も》つ武器《ぶき》が数多《かずおお》くある。これはその代表的《だいひょうてき》な武器《ぶき》で生物《せいぶつ》の実体《じったい》を原子《げんし》にまで分解《ぶんかい》してしまう威力《いりょく》を持《も》っている強力《きょうりょく》な小型兵器《こがたへいき》だ

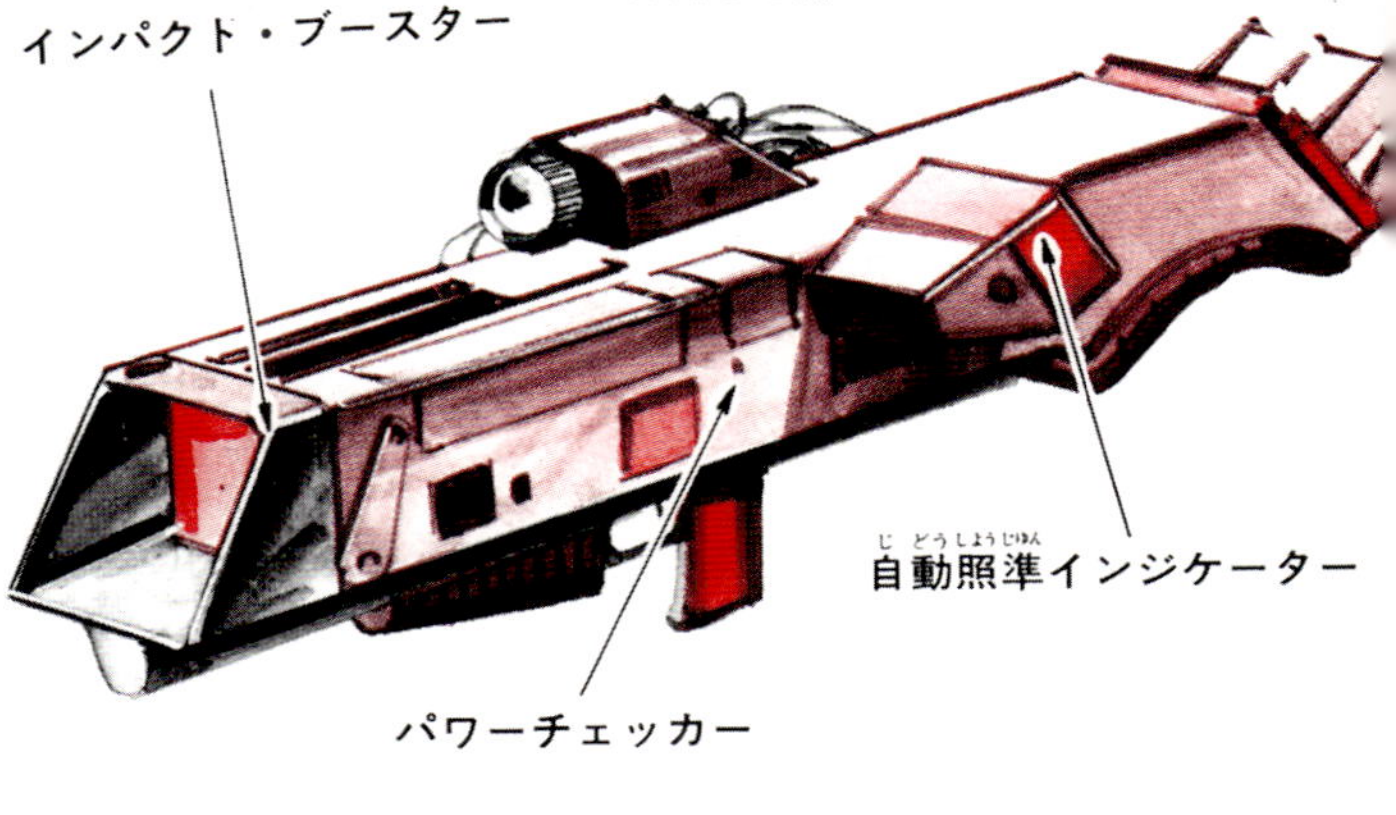

●宇《う》宙《ちゅう》斧《おの》＝まるでインディアンのトマホークのように振《ふ》りおろされ、強大《きょうだい》な破壊力《はかいりょく》によって鋼《こう》鉄《てつ》さえもまっぷたつだ

●宇宙斧《うちゅうおの》のしくみ

眠《ねむ》れ 宇宙《うちゅう》の戦士《せんし》よ!!

激戦《げきせん》に散《ち》った勇士《ゆうし》たちは、戦友《せんゆう》によって葬《ほうむ》られる。もちろん宇宙葬《うちゅうそう》だ。死体《したい》はカプセルに入《い》れられ、永遠《えいえん》に宇宙《うちゅう》の星屑《ほしくず》となって飛《と》び続《つづ》ける。

宇宙軍団《うちゅうぐんだん》の武器《ぶき》

●ニューロ・ロッド＝神経《しんけい》ムチ。ほんの少《すこ》しさわっただけでも、相手《あいて》の運動神経《うんどうしんけい》をマヒさせてしまうムチ。

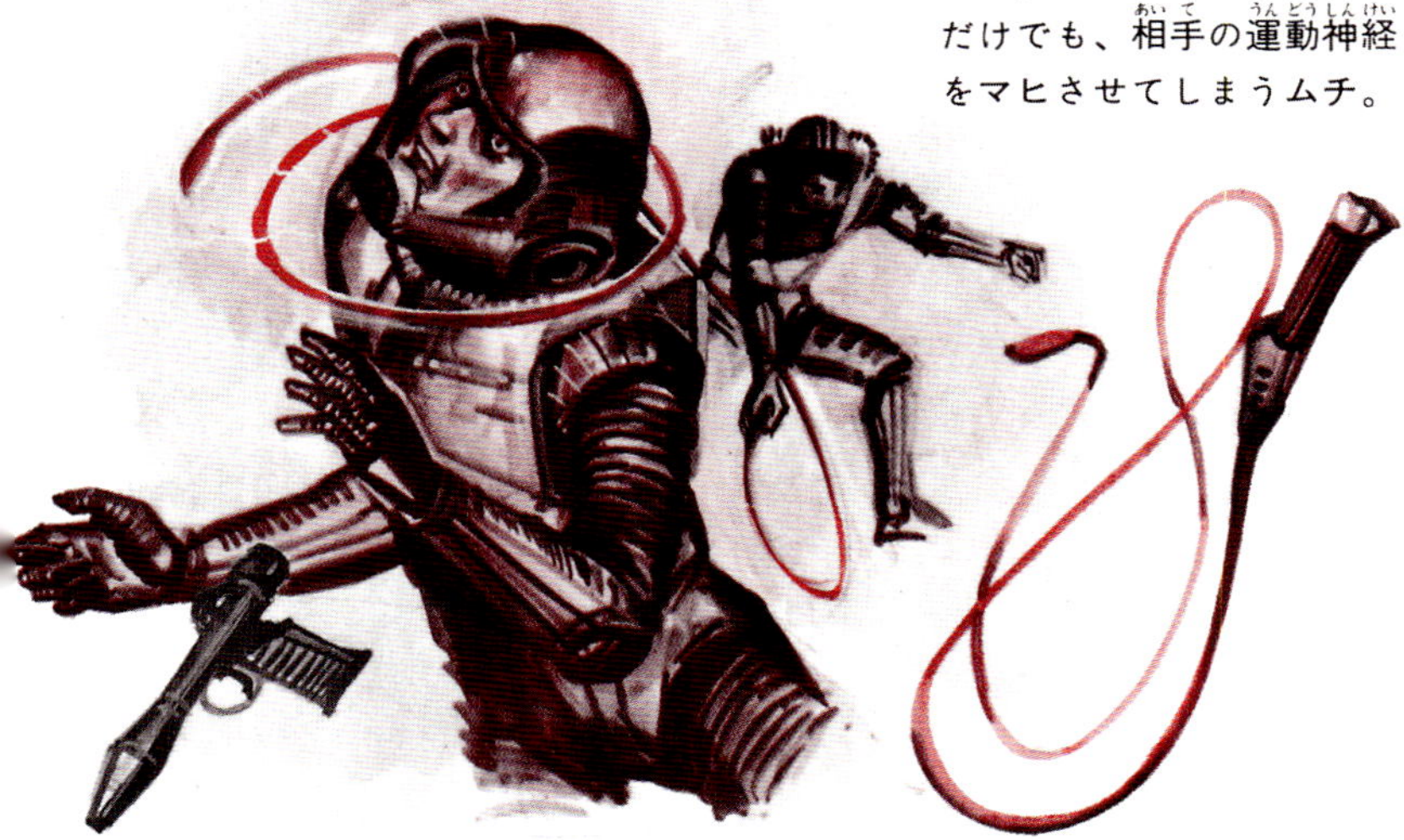

瞬間物質転送星間空港《しゅんかんぶっしつてんそうせいかんくうこう》

エネルギー0《ゼロ》の状態《じょうたい》におかれた宇宙船《うちゅうせん》は、一瞬《しゅん》のうちに目的《もくてき》の星《ほし》に設置《せっち》されたターミナルへ転送《てんそう》された。この方法《ほうほう》が採用《さいよう》されてから、従来《じゅうらい》の宇宙飛行《うちゅうひこう》よりはるかに長大《ちょうだい》な航続距離《こうぞくきょり》が保《たも》たれるようになった。そのための施設《しせつ》が、この**瞬間物質転送星間空港《しゅんかんぶっしつてんそうせいかんくうこう》**だ。

数千光年《すうせんこうねん》を走《はし》る通信波《つうしんは》!!

数千光年《すうせんこうねん》の距離《きょり》を一瞬《いっしゅん》にして飛《と》び交《か》う通信波《つうしんは》。それが**サブ・エーテル波《は》**による通信法《つうしんほう》だ。この方法《ほうほう》によって、超空間《ちょうくうかん》における通信《つうしん》も可能《かのう》になった。

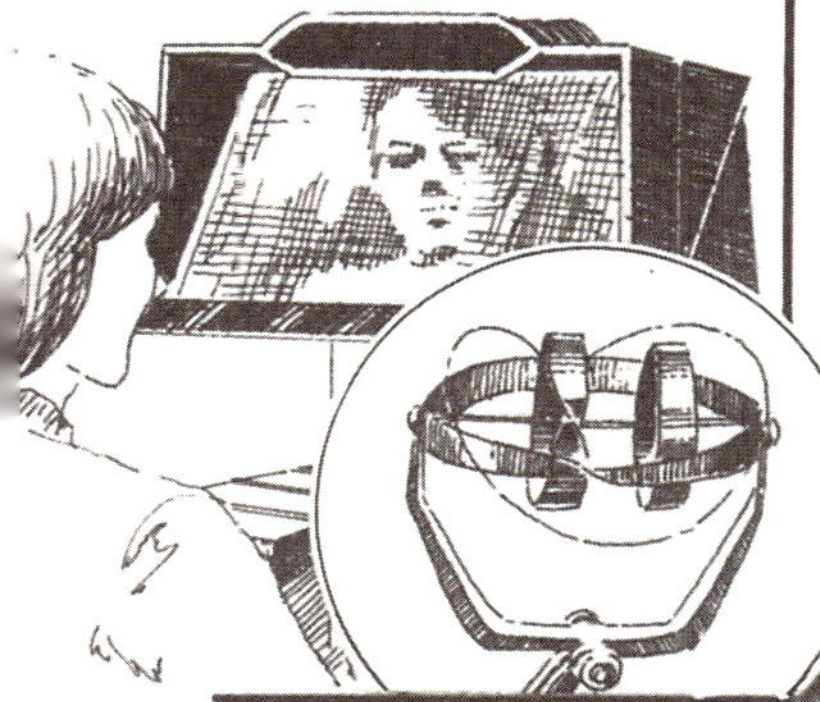

●**ニードルガン＝短針銃《たんしんじゅう》。**超《ちょう》合金《ごうきん》の細《ほそ》い針《はり》が無数《むすう》に発射《はっしゃ》され、神経《しんけい》ショックで相手《あいて》を倒《たお》す。

●**パラライザー＝麻酔《ますい》ガン。**超音波《ちょうおんぱ》や光線《こうせん》を使用《しよう》して、相手《あいて》をマヒさせる。

激《はげ》しい攻防戦《こうぼうせん》が続《つづ》く宇宙戦争《うちゅうせんそう》。それも、惑星《わくせい》と惑《わく》星《せい》との戦争《せんそう》だけではなく、銀河系《ぎんがけい》と銀河系《ぎんがけい》が争《あらそ》うスケールの大《おお》きな戦争《せんそう》も考《かんが》えられる。

そこで、宇宙《うちゅう》の広《ひろ》さを比較《ひかく》して、この戦争《せんそう》がどれほど広大《こうだい》な範囲《はんい》にわたって展開《てんかい》されているのかを理《り》解《かい》するために図解《ずかい》してみよう。

最終兵器《さいしゆうへいき》ディスラプター(140P参照《さんしよう》)
32光年《こうねん》のかなたから
攻撃《こうげき》をかける
長距離兵器《ちようきよりへいき》。
銀河帝国《ぎんがていこく》
惑星爆弾《わくせいばくだん》(104P参照《さんしよう》)
経済性《けいざいせい》を重視《じゆうし》
した中距離兵器《ちゆうきよりへいき》だ。
惑星間《わくせいかん》ミサイル(96P参照《さんしよう》)
オーソドックスな
攻撃兵器《こうげきへいき》。
プロトンビーム砲《ほう》(118P参照《さんしよう》)
冥王星《めいおうせい》の距離《きより》から
太陽《たいよう》をノバ化《か》させる
最終兵器《さいしゆうへいき》だ。

エネルギー・スクリーン

攻撃《こうげき》は最大《さいだい》の防《ぼう》ぎょであるといわれる。

しかし、圧倒《あっとう》された形勢《けいせい》を逆転《ぎゃくてん》するためには、防《ぼう》ぎょ兵器《へいき》もたいせつだ。

防《ぼう》ぎょ兵器《へいき》の代表《だいひょう》は**エネルギー・バリヤー**だ。これは、さまざまなエネルギーを利用《りよう》した幕《まく》で、**エネルギー・スクリーン**ともいう。

この中《なか》には、巨大《きょだい》な宇宙船《うちゅうせん》をまるで彗《すい》星《せい》のようなすがたに見《み》せかける**彗星《すいせい》カムフラージュ装置《そうち》**。小《ちい》さなものになると、それぞれの兵士《へいし》が携帯《けいたい》して自《みずか》らの姿《すがた》を消《け》してしまうという**不可視装置《ふかしそうち》**などいろいろある。これらのさまざまな、エネルギースクリーンをうまく使《つか》うことが勝利《しょうり》への第《だい》一《いっ》歩《ぽ》ともいえるだろう。

ただし、これらのスクリーンでとじこもっている限《かぎ》り、こちらから相手《あいて》に攻撃《こうげき》をかけるということはできない。

■エネルギースクリーンのいろいろ

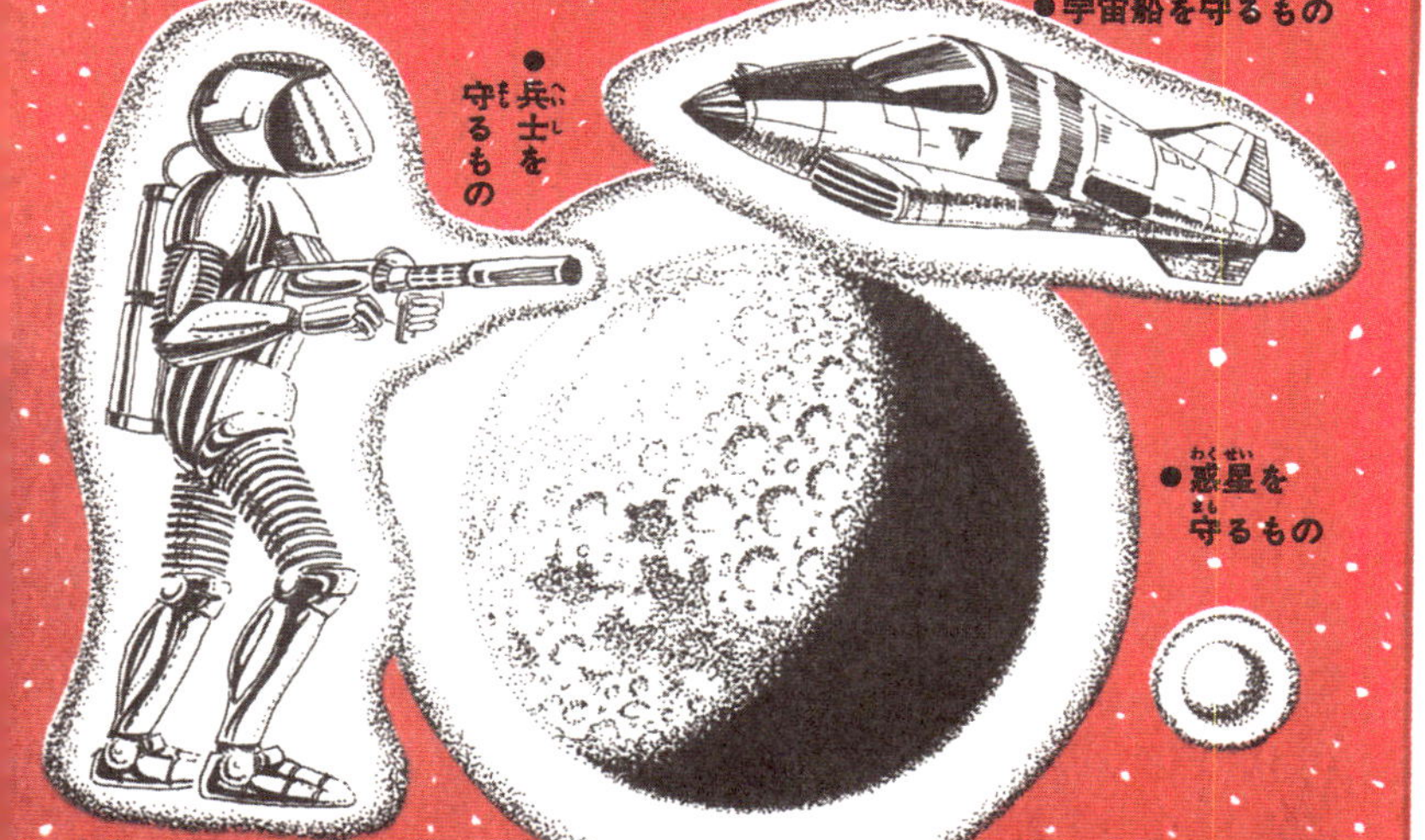

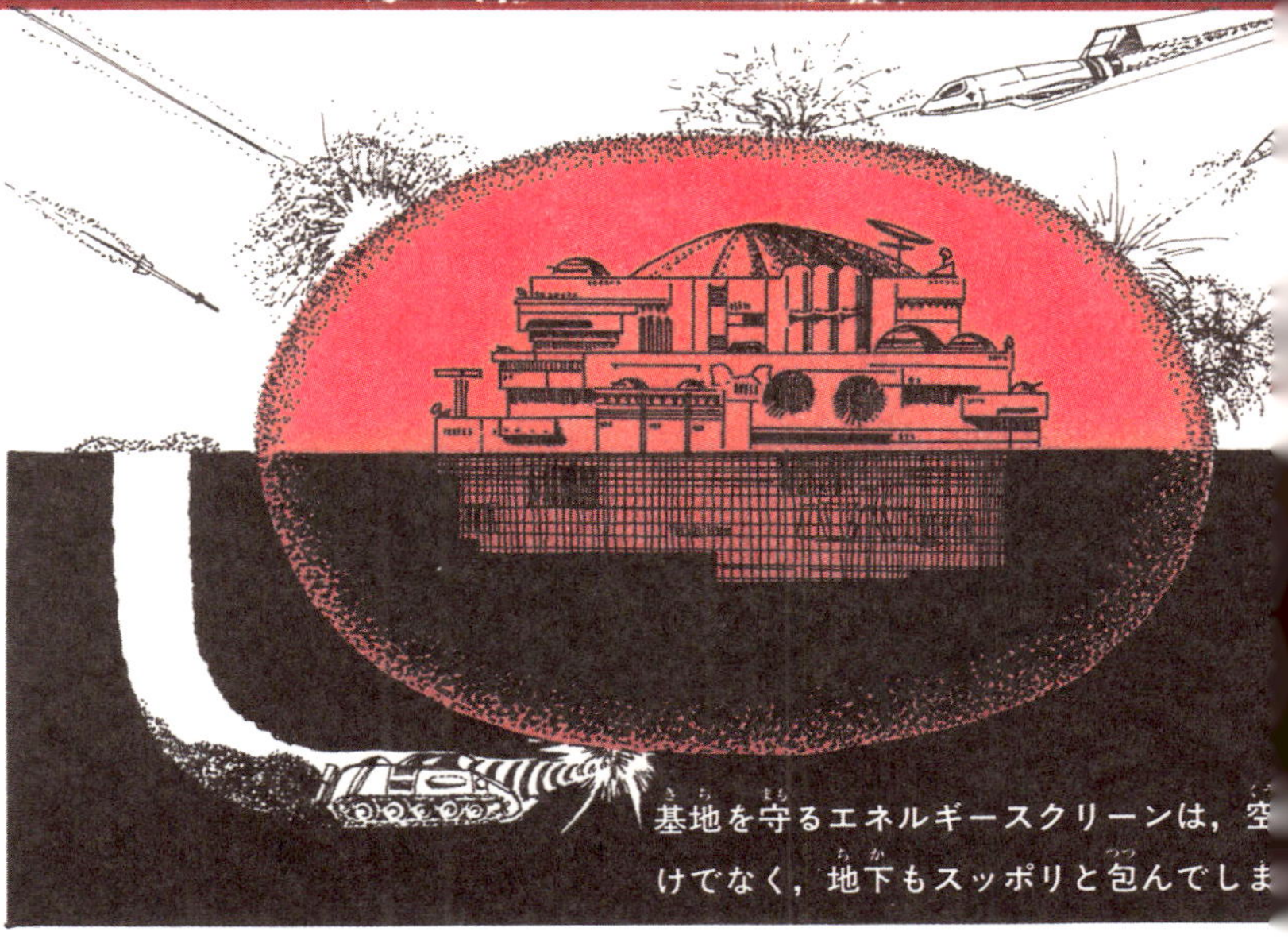

基地《きち》を守《まも》るエネルギースクリーンは，空
けでなく，地下《ちか》もスッポリと包《つつ》んでしま

こんなエネルギー・スクリーンもあるゾ！

敵《てき》の攻撃《こうげき》や超自然《ちょうしぜん》から自分《じぶん》を守《まも》るばかりか，攻《こう》撃《げき》にも使《つか》えるひじょうに効果的《こうかてき》なエネルギー・スクリーンを紹介《しょうかい》しよう――!!

重力消去《じゅうりょくしょうきょ》スクリーン

「うわっ、助《たす》けてくれッ！」惑星基地《わくせいきち》の兵士《へいし》たちは上空《じょうくう》を見《み》上《あ》げる間《ま》もなく、まわりの兵器《へいき》もともに、つぎつぎと宙《ちゅう》に舞《ま》いあがった。

そこには、緑《みどり》の丸《まる》い光《ひかり》のカプセルに包《つつ》まれた一隻《せき》の宇宙船《うちゅうせん》がピタリと静止《せいし》していた。その船《ふね》は、まるであざ笑《わら》うかのようにみんなを見《み》おろしていた。

このスクリーンを、地上《ちじょう》の基《き》地《ち》に発生《はっせい》させると重力《じゅうりょく》が消《き》えてしまう。そこに惑星《わくせい》の自転《じてん》によって起《お》こる遠心力《えんしんりょく》が作用《さよう》して、基地《きち》はバラバラに破壊《はかい》されてしまうのだ。

対熱線遮断《たいねつせんしやだん》スクリーン

敵《てき》の惑星《わくせい》をこっそり攻撃《こうげき》するために、どうしても灼熱《しゃくねつ》の太陽《たいよう》の間近《まぢか》を通《とお》らなければならないとき、とても便利《べんり》なのが**対熱線遮断《たいねつせんしやだん》スクリーン**だ。

これは一定《てい》の強《つよ》さ以上《いじょう》(！)の熱線《ねつせん》や核爆発《かくばくはつ》から宇宙船《うちゅうせん》を守《まも》ってくれるし、もちろん、敵《てき》の熱線砲《ねつせんほう》などもバッチリ防《ぼう》ぎょする。

▼敵《てき》のあらゆる角度《かくど》からの攻撃《こうげき》に耐《た》える
対熱線遮断《たいねつせんしゃだん》スクリーンで守《まも》る宇宙船《うちゅうせん》!!

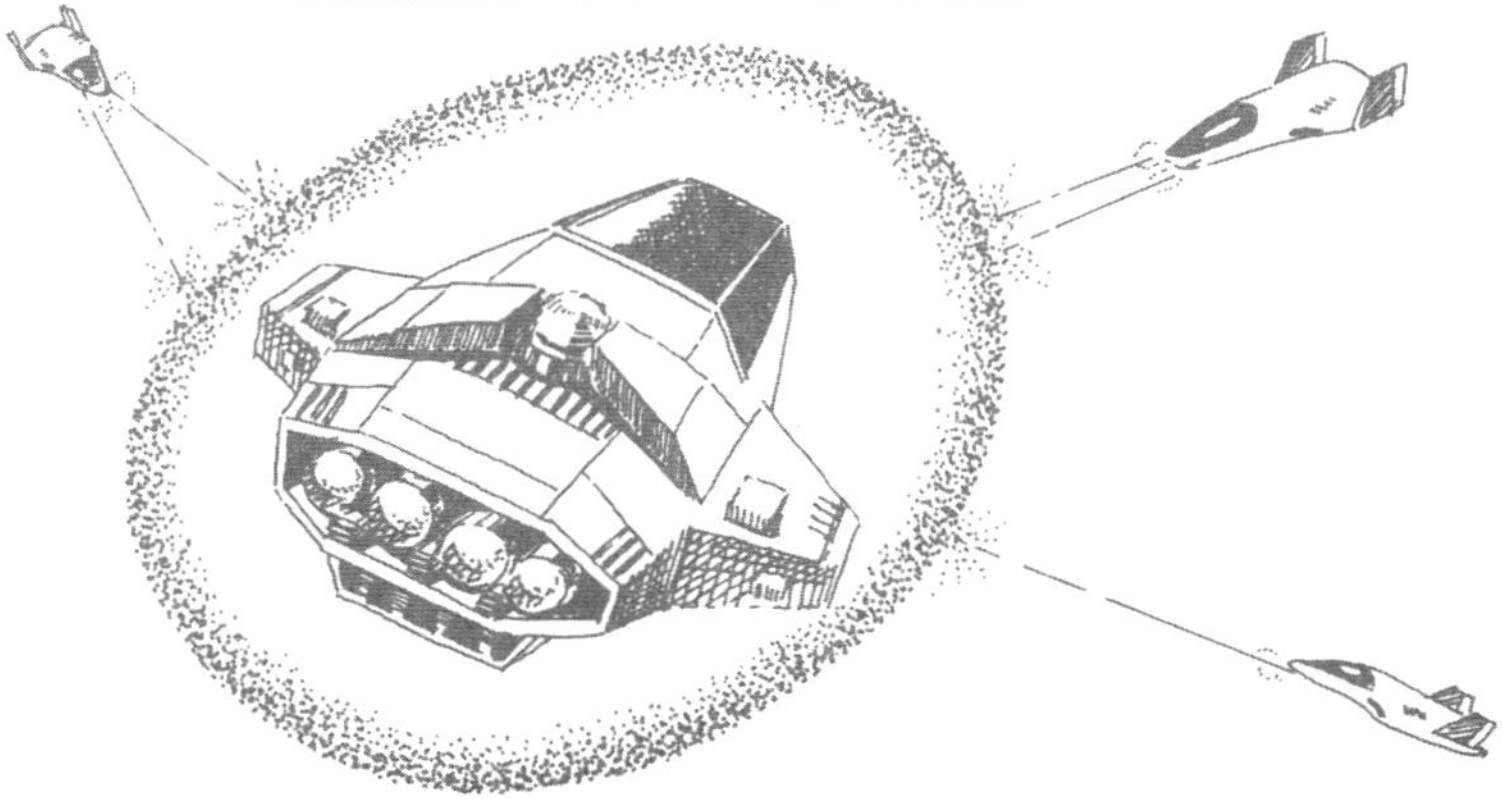

敵《てき》の宇宙船《うちゅうせん》が接近《せっきん》――拡大《かくだい》スコープを監視《かんし》していたレーダー隊員《たいいん》は緊張《きんちょう》した。

ところが、画面《がめん》に映《うつ》るのは何《なん》と一個《こ》の彗星《すいせい》ではないか。

「そんな、バカなっ!!」とはき出《だ》すように言《い》ったとき、おどろくべきことが起《お》きた。飛来《ひらい》した彗星《すいせい》から一本《ぽん》の光《ひかり》が走《はし》り、次《つぎ》の瞬間《しゅんかん》味方《みかた》の宇宙船《うちゅうせん》は大爆発《だいばくはつ》を起《お》こして、四方《しほう》の空《そら》に飛《と》び散《ち》った。

これが、驚異《きょうい》の**彗星《すいせい》カモフラージュ装置《そうち》**の効力《こうりょく》だ。これを使《つか》えば、宇宙船《うちゅうせん》はまるで一個《こ》の彗星《すいせい》のように見《み》える。

すなわち、船体《せんたい》を包《つつ》むこまかい粒子《りゅうし》やガスをイオン化《か》することによって発光《はっこう》させるのだ。ただし、作動中《さどうちゅう》は速度《そくど》やコースを変《か》えられない。

こんなエネルギー・スクリーンもあるゾ!!

透明軍団《とうめいぐんだん》の脅威《きょうい》

もし、今《いま》まで見《み》えていた宇宙船《うちゅうせん》がとつぜん姿《すがた》を消《け》してしまったらどうだろう。いざ戦《たたか》おうとした敵《てき》は面喰《めんくら》って、あわてふためくことだろう。そこを一気《いっき》に攻撃《こうげき》すれば大勝利《だいしょうり》まちがいなしだ。こんなすばらしい秘密兵器《ひみつへいき》が**不可視装置《ふかしそうち》**だ。

まず、核反応炉《かくはんのうろ》でエネルギーを作《つく》り、周囲《しゅうい》に力場《りきば》を放《はな》つ。こうして電磁波《でんじは》や可視光線《かしこうせん》の進路《しんろ》を曲《ま》げると、宇宙船《うちゅうせん》は外《そと》からはまったく見《み》えなくなる。

力場《りきば》の性質《せいしつ》を変《か》えることにより、電波《でんぱ》・赤外線《せきがいせん》・X線《エックスせん》などにも適応《てきおう》できる。

しかし、この装置《そうち》を作動中《さどうちゅう》は相手《あいて》から見《み》えなかったり、レーダーに映《うつ》らないが、一方《いっぽう》、自分《じぶん》たちも外《そと》を見《み》ることはできない。これを闇航行《やみこうこう》という。

彗星《すいせい》カムフラージュ装置《そうち》

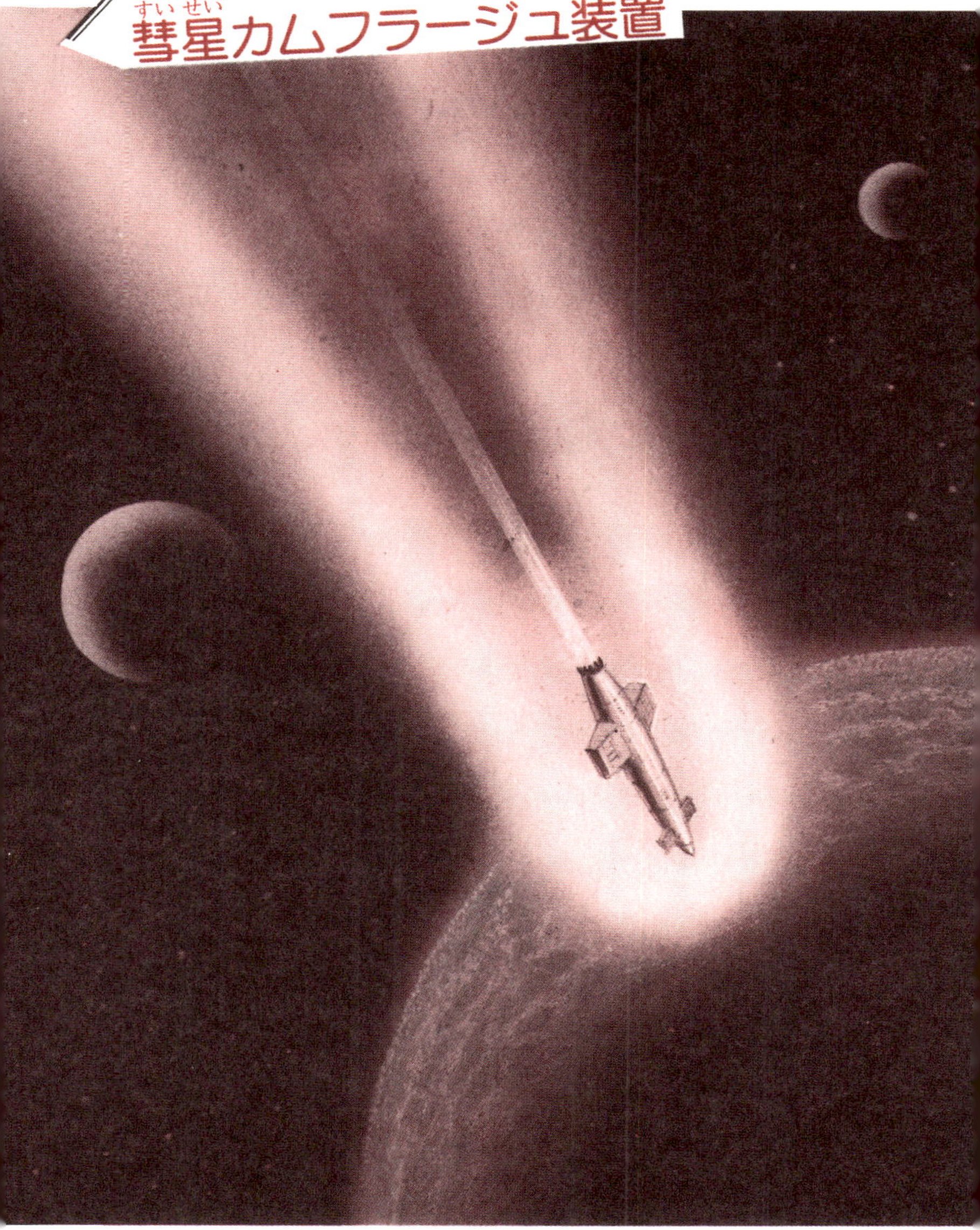

決戦《っせん》!!　宇《う》宙《ちゆう》軍《ぐん》団《だん》

戦争《せんそう》のために結成《けっせい》され、闘《たたか》うことに一生《しょう》を費《ついや》す集団《しゅうだん》——それが**宇《う》宙《ちゅう》軍《ぐん》団《だん》**の実体《じったい》だ。彼《かれ》らは、ちょうど宇宙《うちゅう》の外人部隊《がいじんぶたい》（地球《ちきゅう》で、戦争《せんそう》の時《とき》に各国《かっこく》の混合兵士《こんごうへいし》で組織《そしき》された軍隊《ぐんたい》）といったところだ。彼《かれ》らは死《し》をも恐《おそ》れぬ行《こう》動力《どうりょく》で敵《てき》に対《たい》していく。そして、抜群《ばつぐん》の判断力《はんだんりょく》で、あらゆる状況《じょうきょう》に対処《たいしょ》するのだ。

果《は》てしない宇宙戦争《うちゅうせんそう》は、彼《かれ》らが死《し》んだ後《あと》も、代々《だいだい》にわたる戦《せん》士《し》を生《う》んでいく。代《だい》を重《かさ》ねるごとに、いよいよ彼《かれ》らの頭脳《ずのう》の中《なか》は戦争《せんそう》だけが支配《しはい》していく。もはや、すべての感情《かんじょう》を失《うしな》った宇《う》宙軍団《ちゅうぐんだん》の兵士《へいし》たちは、戦《たたか》う一個《こ》

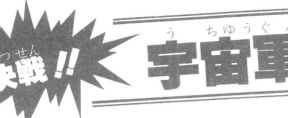

宇宙《うちゅう》の戦士《せんし》

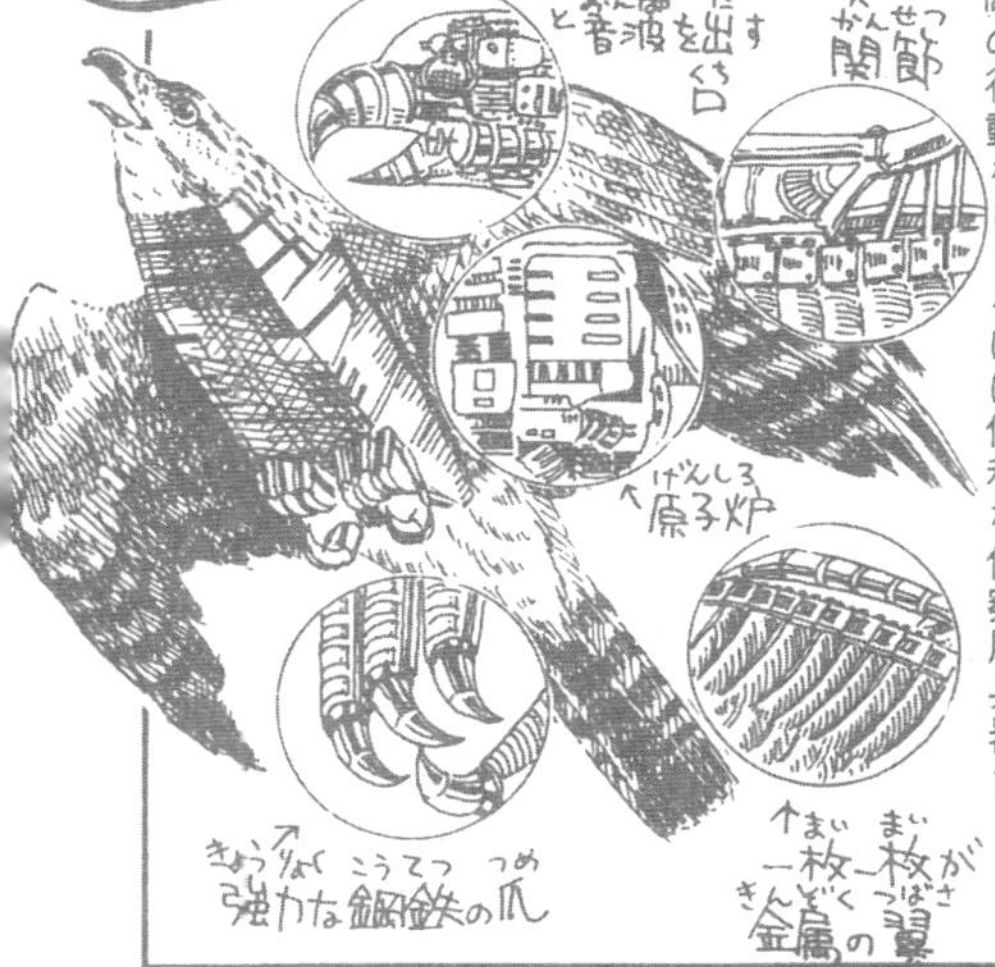

忍者《にんじゃ》兵士《へいし》ウォッチバード

鳥《とり》の脳《のう》と機械《きかい》の組《く》み合《あ》わせによって生《う》まれたのがウォッチバードだ。鳥《とり》のすがたをそのまま生《い》かして、羽毛《うもう》の一本《ぽん》一本《ぽん》まで金属《きんぞく》によって作《つく》っている。

ふだんは本物《ほんもの》の鳥《とり》のように翼《つばさ》をはばたいて空《そら》を飛《と》ぶのだが、偵察行動《ていさつこうどう》をする時《とき》は、ピタリと空《そら》に止《と》まることもできる。

敵《てき》の行動《こうどう》をさぐるには便利《べんり》な偵察用兵器《ていさつようへいき》だ。

シュルルル――ッ。まるで強烈《きょうれつ》な吹雪《ふぶき》の帯《おび》が走《はし》ったと思《おも》ったとたん、ドーム司令室《しれいしつ》を守《まも》るロボット兵士《へいし》たちは次々《つぎつぎ》とヒビ割《わ》れて倒《たお》れてしまった。耐寒服《たいかんふく》に身《み》を包《つつ》んだ宇宙軍団《うちゅうぐんだん》の兵士《へいし》たちは、同《おな》じようにヒビ割《わ》れ砕《くだ》け散《ち》ったドアを抜《ぬ》けて司令室《しれいしつ》へなだれ込《こ》んだ。

彼《かれ》らが後《あと》にしたドームのあちこちは、まるで冷凍室《れいとうしつ》のように凍《こお》りついてしまっている。この武器《ぶき》こそ、絶対零度《ぜったいれいど》のビームを放射《ほうしゃ》する冷凍《れいとう》ビーム・ガンだ。これを使《つか》えば、どんな物質《ぶっしつ》も瞬間冷却《しゅんかんれいきゃく》して分子《ぶんし》を破壊《はかい》してしまう。絶対零度《ぜったいれいど》というのは、セ氏零下《れいか》273・15度《ど》のことだ。この温度《おんど》になると、分子《ぶんし》の運《うん》動《どう》は完全《かんぜん》にストップする。（温度《おんど》とは、物質《ぶっしつ》を形作《かたちづく》る分子《ぶんし》の運動《うんどう》エネルギーのこと。すなわち、温度《おんど》が全《まった》くの0《ゼロ》になってしまうのだ!!）

これを強烈《きょうれつ》に相手《あいて》に放射《ほうしゃ》すれば、物質《ぶっしつ》は破《は》壊《かい》してしまうわけだ。

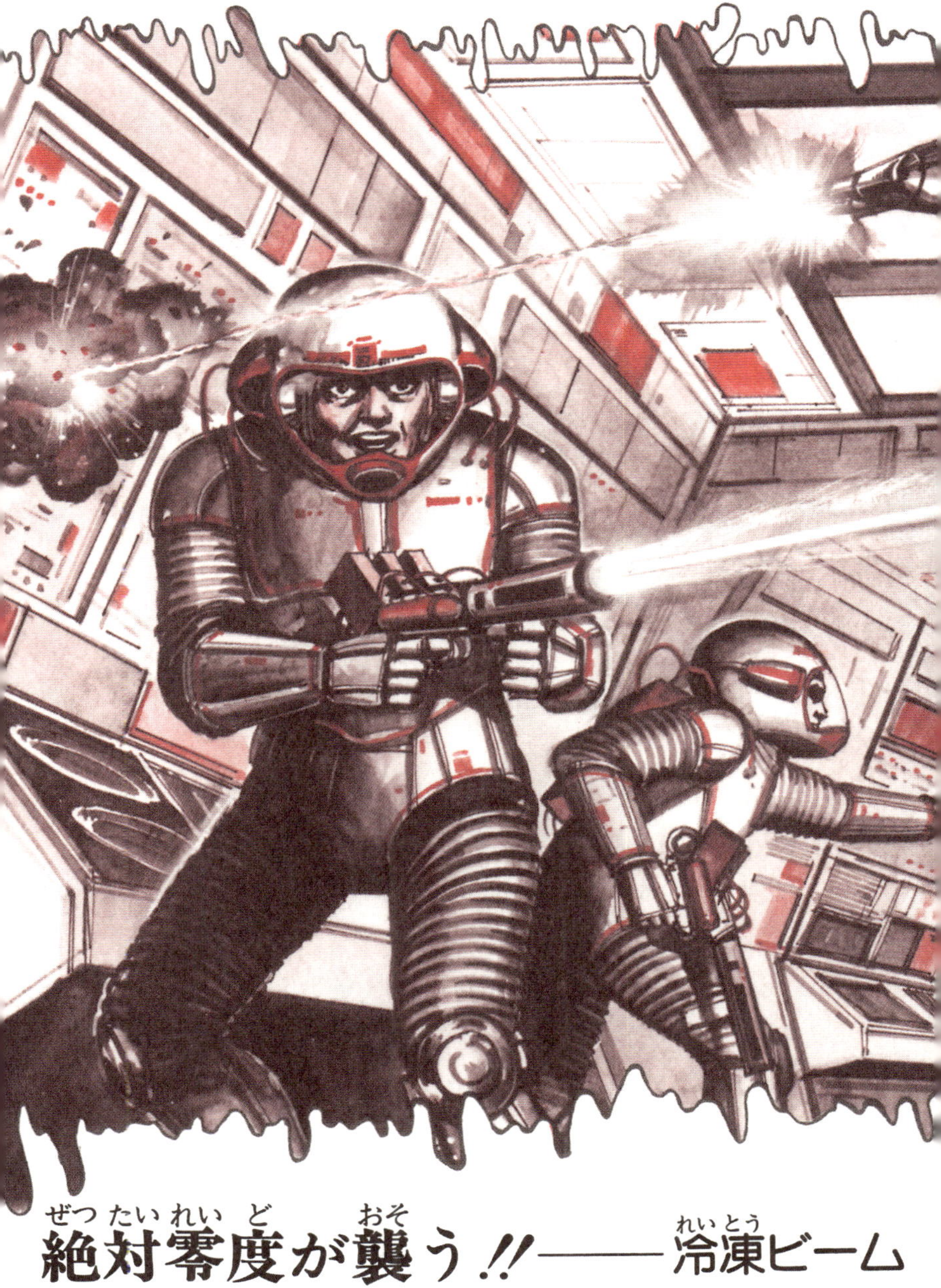

絶《ぜつ》対《たい》零《れい》度《ど》が襲《おそ》う!!——冷凍《れいとう》ビーム

決戦《けつせん》!!宇宙軍団《うちゅうぐんだん》

ちょっと夜空《よぞら》を見上《みあ》げてみよう――ひょっとすると、今《いま》も遠《とお》い宇宙《うちゅう》の片隅《かたすみ》で激《はげ》しい宇宙《うちゅう》戦争《せんそう》が行《おこ》われているかもしれないゾ。発見《はっけん》された超合金《ちょうごうきん》の板《いた》には、当時《とうじ》のすさまじさをまざまざと想《おも》い起《お》こさせる戦争《せんそう》の配置《はいち》図《ず》が描《えが》かれていた。

その図《ず》は、戦争《せんそう》の結果《けっか》がどれほど悲惨《ひさん》なものであったかを暗示《あんじ》しているかのようだ。

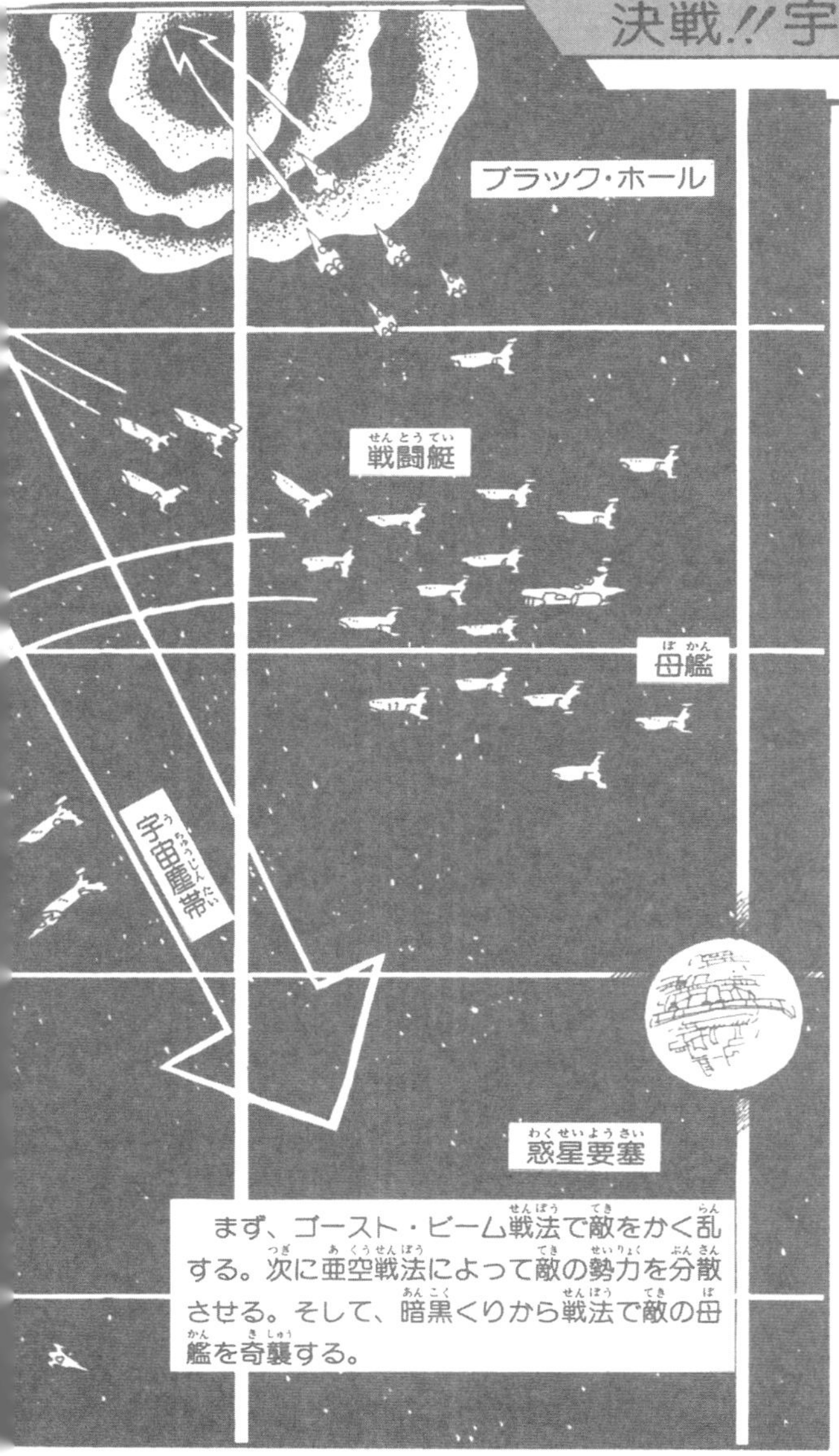

まず、ゴースト・ビーム戦法《せんぽう》で敵《てき》をかく乱《らん》する。次《つぎ》に亜空戦法《あくうせんぽう》によって敵《てき》の勢力《せいりょく》を分散《ぶんさん》させる。そして、暗黒《あんこく》くりから戦法《せんぽう》で敵《てき》の母《ぼ》艦《かん》を奇襲《きしゅう》する。

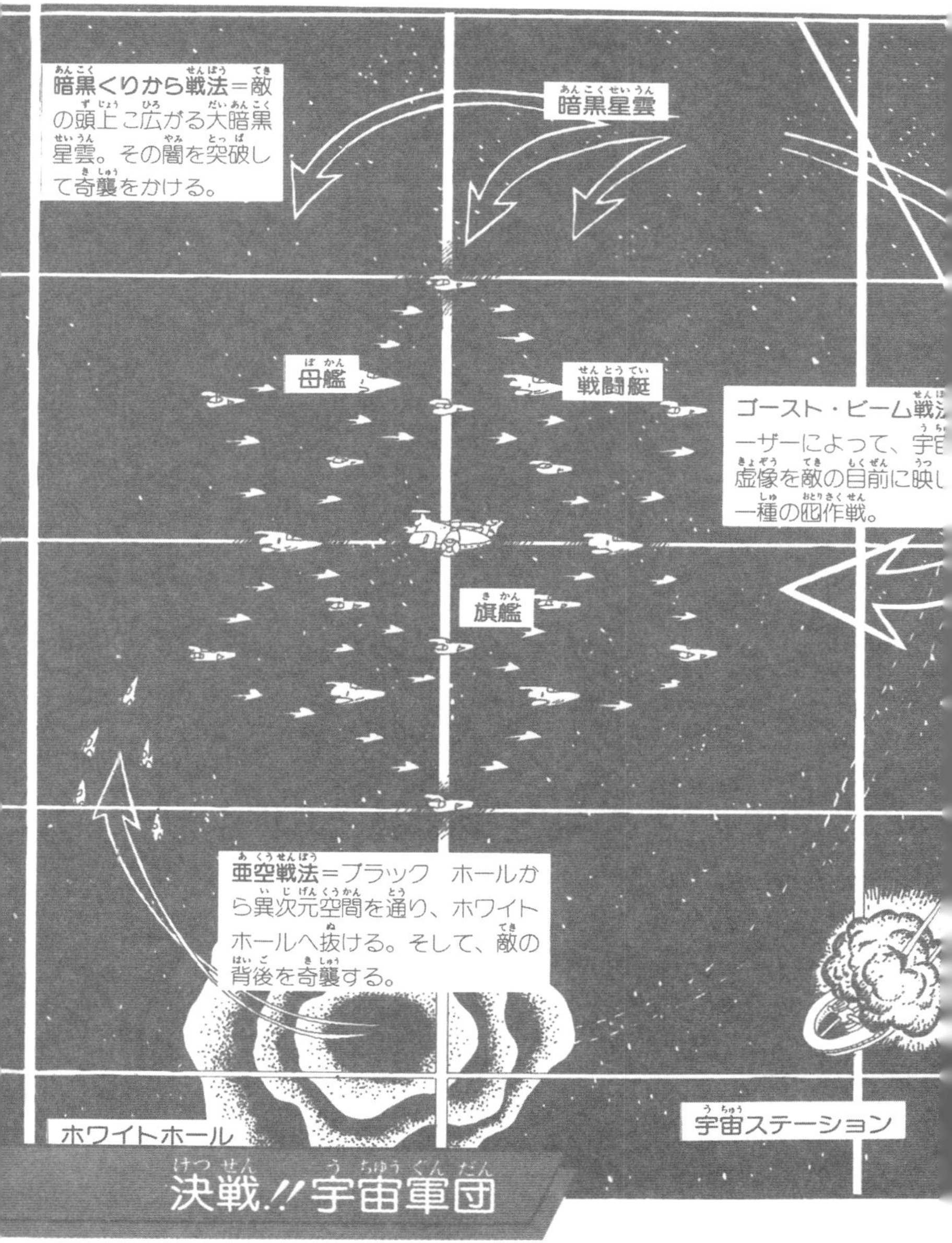
暗黒《あんこく》くりから戦法《せんぽう》＝敵《てき》の頭上《ずじょう》こ広《ひろ》がる大暗黒《だいあんこく》星雲《せいうん》。その闇《やみ》を突破《とっぱ》して奇襲《きしゅう》をかける。
暗黒星雲《あんこくせいうん》
母艦《ぼかん》
戦闘艇《せんとうてい》
ゴースト・ビーム戦《せん》
ーザーによって、宇《う》
虚像《きょぞう》を敵《てき》の目前《もくぜん》に映《うつ》し
一種《しゅ》の囮作戦《おとりさくせん》。
旗艦《きかん》
亜空戦法《あくうせんぽう》＝ブラック　ホールから異次元空間《いじげんくうかん》を通《とう》り、ホワイトホールへ抜《ぬ》ける。そして、敵《てき》の背後《はいご》を奇襲《きしゅう》する。
ホワイトホール
宇宙《うちゅう》ステーション
決戦《けつせん》!!宇宙軍団《うちゅうぐんだん》

宇宙《うちゅう》の戦士《せんし》

恐怖《きょうふ》のバーサーカー

とどまることを知《し》らない殺《さつ》りくの連続《れんぞく》の中《なか》で、当然《とうぜん》のごとく生《う》まれたのが、この恐怖《きょうふ》の殺人集団《さつじんしゅうだん》**バーサーカー**(戦闘《せんとう》ロボット集団《しゅうだん》)だ。

彼《かれ》らは、ただ敵《てき》を倒《たお》す目的《もくてき》のために宇宙《うちゅう》へ放《はな》された。その陣容《じんよう》は、数十隻《すうじゅうせき》から数万隻《すうまんせき》の宇宙艦隊《うちゅうかんたい》である。小《しょう》は戦闘艇《せんとうてい》から、大《だい》は巨大《きょだい》な戦艦級《せんかんきゅう》までさまざまなクラスの宇宙船《うちゅうせん》で形成《けいせい》されている。そして、操《あやつ》るのは**戦闘《せんとう》ロボット**だ。彼《かれ》らは、自己修復能力《じこしゅうふくのうりょく》を持《も》ち、あらゆる空間《くうかん》に出現《しゅつげん》して生《せい》ある物《もの》を殺《さつ》りくしていく。また、彼《かれ》らを制止《せいし》する命令《めいれい》は消滅《しょうめつ》しているので、宇宙《うちゅう》に存在《そんざい》するすべての生物《せいぶつ》を滅《ほろ》ぼすまで、破壊行為《はかいこうい》は続《つづ》けられるのだ。

バーサーカーは、宇宙戦争《うちゅうせんそう》が生《う》み出《だ》した、最《もっと》も残酷《ざんこく》で、哀《かな》しい殺人兵器《さつじんへいき》かもしれない。

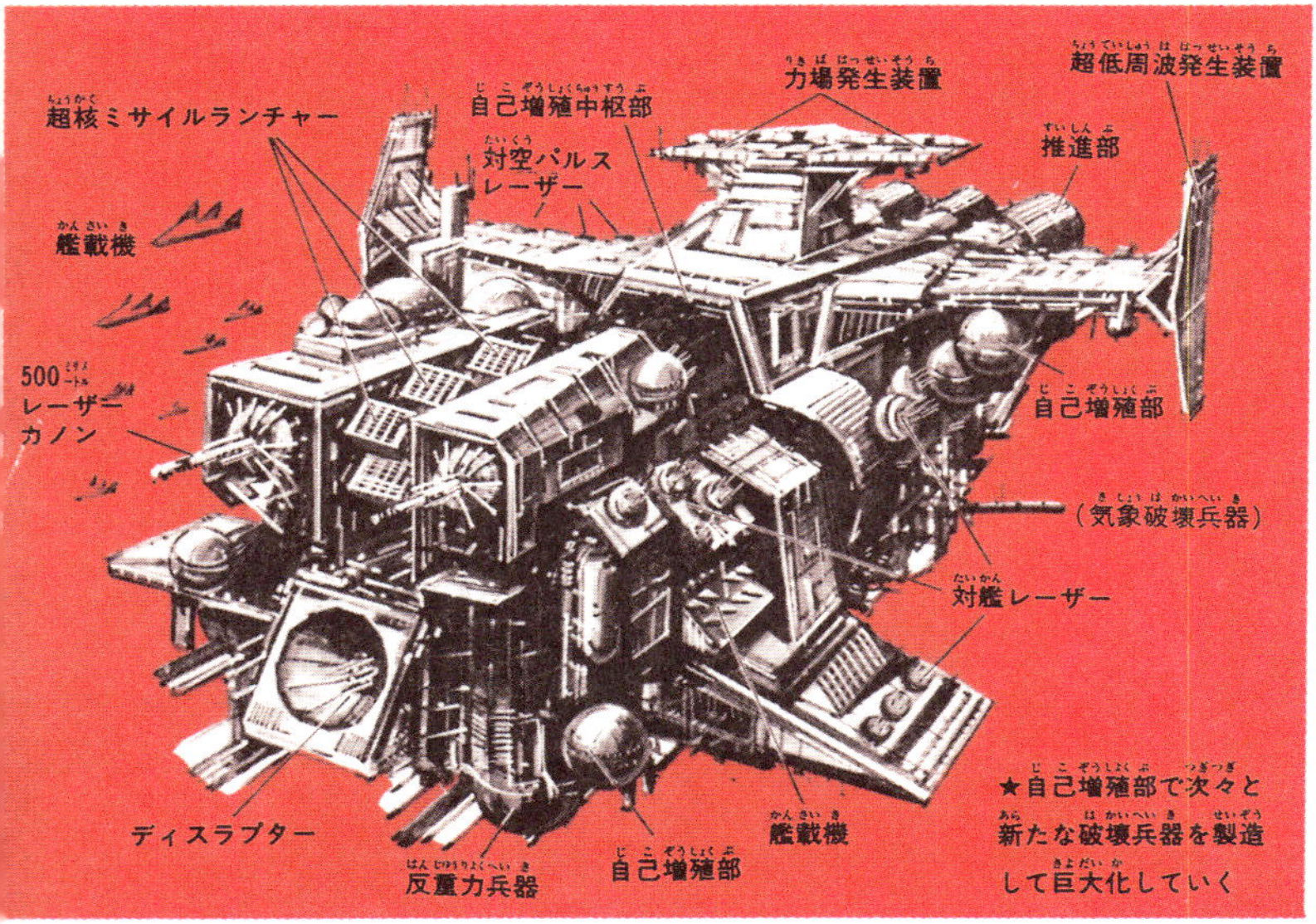

★自己増殖部《じこぞうしょくぶ》で次々《つぎつぎ》と新《あら》たな破壊兵器《はかいへいき》を製造《せいぞう》して巨大化《きょだいか》していく

コンピューター大戦《たいせん》

司令室に置かれた巨大なコンピューターには、敵《てき》のあらゆる攻撃《こうげき》に対応《たいおう》できる作戦《さくせん》が記《き》憶《おく》されていた。敵《てき》が、たとえどんな兵器《へいき》による攻撃《こうげき》を仕掛《しか》けてきても、それを迎撃《げいげき》する兵《へい》器《き》が発進《はっしん》するのだ。同時《どうじ》にどのような攻撃《こうげき》が、もっともふさわしいかという判断《はんだん》も、このコンピューターがはじき出《だ》してくれるのだ。

さらに長《なが》い年月《ねんげつ》がたち、コンピューターを操《あやつ》っていた兵士《へいし》たちも全滅《ぜんめつ》し、敵味方《てきみかた》とも残《のこ》されたのは、二つの巨大《きょだい》なコンピューターだけとなってしまう。しかしそれは、主《あるじ》を失《うしな》った後《あと》も、自《みずか》ら兵器《へいき》を作《つく》り出《だ》し、果《は》てしない闘《たたか》いを続《つづ》けるのだ。もはや遠《とお》く隔《へだ》った二台《だい》のコンピューターが主役《しゅやく》の戦争《せんそう》。それは、まるで死《し》のゲームのように永遠《えいえん》に続《つづ》けられるのだ。

宇宙《うちゅう》の戦士《せんし》

分子《ぶんし》破壊《はかい》ビームと物質《ぶっしつ》破壊《はかい》ビーム

あらゆる物質《ぶっしつ》は、分子《ぶんし》の結合《けつごう》によってできている。その分子《ぶんし》を分解《ぶんかい》してしまうのが破壊《はかい》ビームの威力《いりょく》だ。

この破壊《はかい》ビームには、次《つぎ》のような2つの種類《しゅるい》が考《かんが》えられている。

①生命体《せいめいたい》の分子《ぶんし》構造《こうぞう》を破壊《はかい》する。

②金属《きんぞく》の分子《ぶんし》構造《こうぞう》を破壊《はかい》する。

①分子《ぶんし》破壊《はかい》ビーム

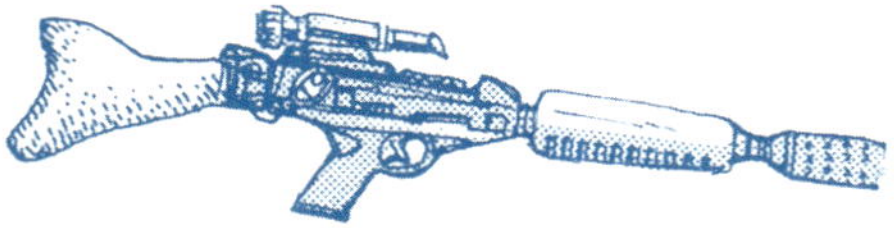

②物質《ぶっしつ》破壊《はかい》ビーム

サイコ・ブラスター

敵《てき》の中枢神経《ちゅうすうしんけい》を破壊《はかい》して発狂《はっきょう》させてしまうのが、このサイコ・ブラスター（精神破《せいしんは》壊砲《かいほう》）の威力《いりょく》だ。構造《こうぞう》は他《た》のビーム砲《ほう》と変《か》わりはない。ただ、この兵器《へいき》においては、超音波《ちょうおんぱ》などを利用《りよう》するのが、もっとも効果《こうか》的《てき》である。

■分子破壊《ぶんしはかい》ビーム（対生命体《たいせいめいたい》

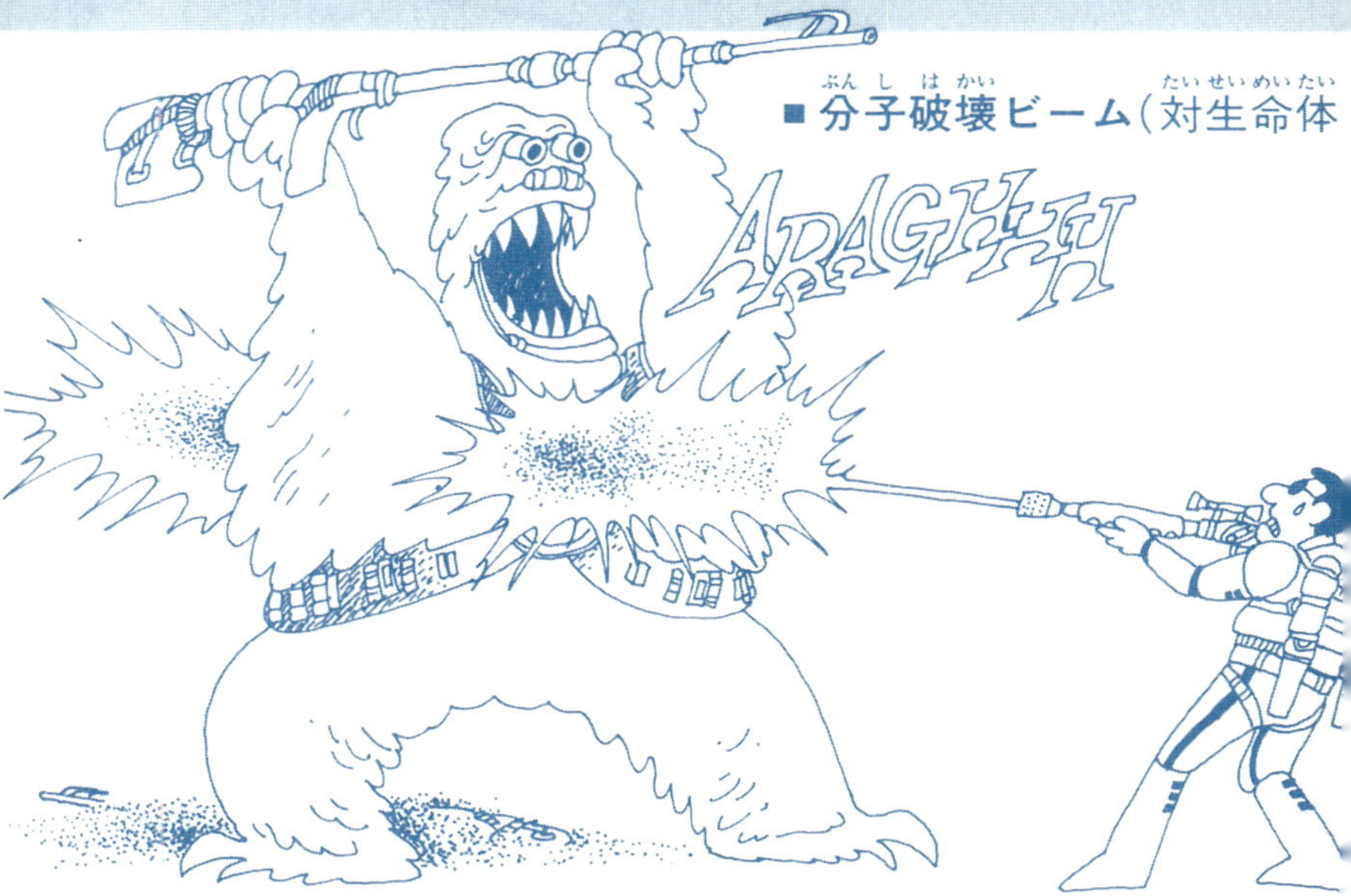

■物質破壊《ふっしつはかい》ビーム（対金属体《たいきんぞくたい》）

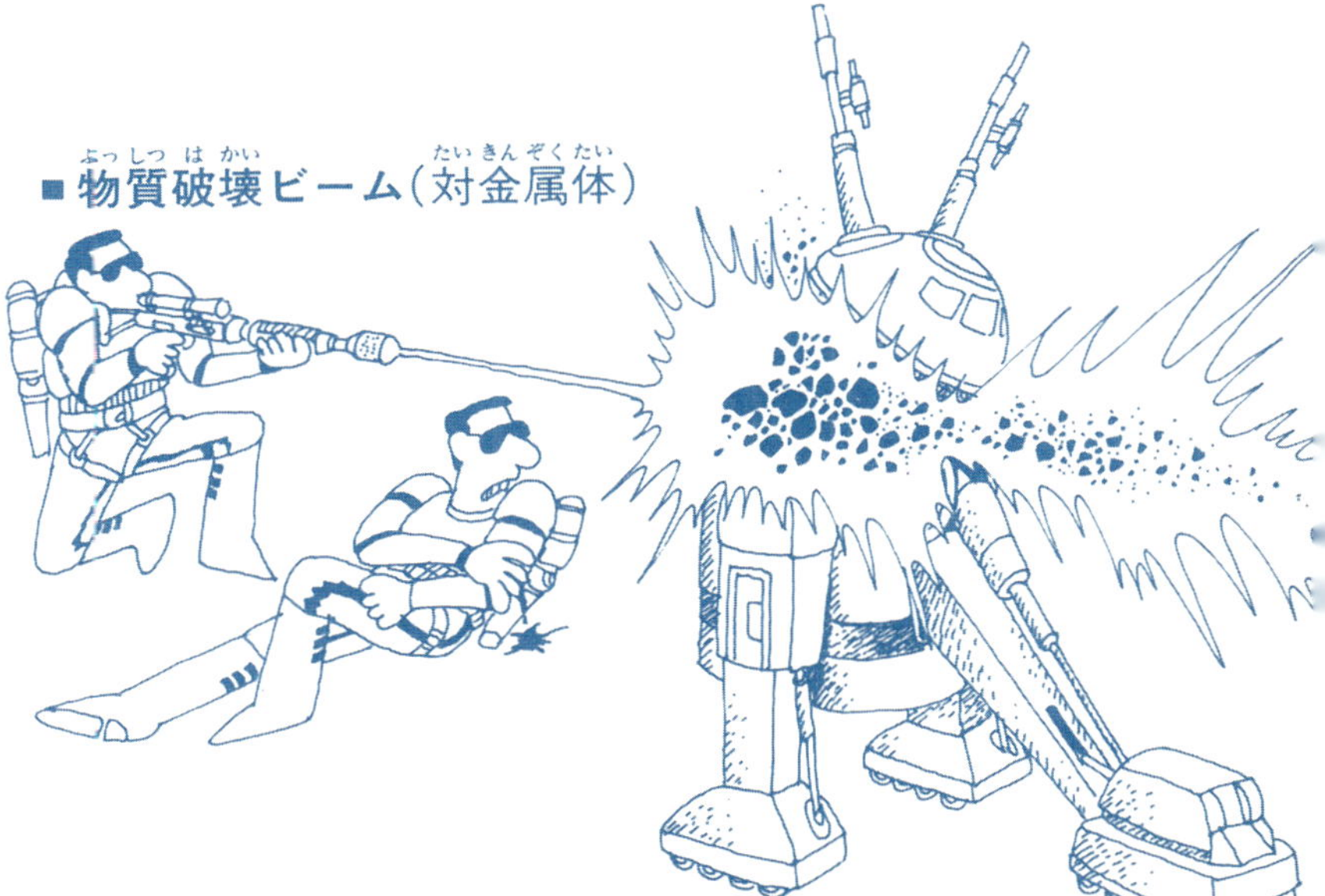

宇宙《うちゅう》の戦士《せんし》

サイボーグ兵団《へいだん》

ダダッと基地《きち》のドームへなだれ込《こ》んで来《き》た、宇宙軍団《うちゅうぐんだん》の兵士《へいし》たちは、いっせいに両手《りょうて》を前方《ぜんぽう》にさし出《だ》した。と、彼《かれ》らの腕《うで》の先《さき》が次々《つぎつぎ》と光《ひかり》を発《はっ》し、小型《こがた》ミサイルとなって司令装置《しれいそうち》めがけて飛《と》びかった。

すなわち、その兵士《へいし》たちは、彼《かれ》ら自身《じしん》の体《からだ》の一部《ぶ》にミサイルを内蔵《ないぞう》、敵陣深《てきじんぶか》くへ潜入《せんにゅう》して破《は》壊工作《かいこうさく》する武器《ぶき》そのものだったのだ。恐《おそ》るべき科学《かがく》の進歩《しんぽ》は、生物《せいぶつ》をさまざまな武器《ぶき》と合体《がったい》させて、**サイボーグ兵団《へいだん》**を作《つく》りあげたのである。

サイボーグ百科《ひゃっか》

サイバネティック・オーガニズムがもとの語《ご》。これは生物《せいぶつ》の組織《そしき》と人工《じんこう》の組織《そしき》を組《く》み合《あ》わせるといった意味《いみ》だ。

たとえば、こんなことが考《かんが》えられる。きみが海《うみ》の中《なか》で魚《さかな》のように生活《せいかつ》したければ、かんたんな手術《しゅじゅつ》をうければよい。すなわち、自分《じぶん》の体《からだ》に水中《すいちゅう》の酸素《さんそ》を抜《ぬ》

き出《だ》す人工《じんこう》のエラをうめこみ、空気《くうき》でなく水《みず》を呼吸《こきゅう》できるようにするのである。このように、目《め》にカメラをセットしたり、手《て》足《あし》を強化《きょうか》した義手《ぎしゅ》・義足《ぎそく》に変《か》えたりすることもできる。このように生物《せいぶつ》と機械《きかい》や装置《そうち》を結合《けつごう》させたものがサイボーグだ。これが、もっと進歩《しんぽ》すると、脳《のう》だけを取《と》り出《だ》して、機械《きかい》の体《からだ》に取《と》り付《つ》けることも考《かんが》えられるゾ。

宇宙《うちゅう》の戦士《せんし》

超《ちょう》ロボット軍団《ぐんだん》!!

もはや惑星間戦争《わくせいかんせんそう》において、生物《せいぶつ》が血《ち》を流《なが》し合《あ》う戦闘形式《せんとうけいしき》は、終《お》わりを告《つ》げようとしていた。

何光年《なんこうねん》もの距離《きょり》を隔《へだ》てた星同士《ほしどうし》の争《あらそ》いは、ついに戦闘用《せんとうよう》のロボット軍団《ぐんだん》を生《う》み出《だ》した。

宇宙《うちゅう》の真空《しんくう》をまったく苦《く》にしない超合金《ちょうごうきん》の輝《かがや》く体《からだ》を持《も》った彼《かれ》らは、その全身《ぜんしん》が破壊兵器《はかいへいき》だ。

彼《かれ》らは、自由《じゆう》に空《そら》を飛《と》びまわり、内蔵《ないぞう》されたコンピューター頭脳《ずのう》で、もっとも適切《てきせつ》な作戦《さくせん》を立《た》てて戦《たたか》う。

また、彼《かれ》らは、敵基地《てききち》がどんな星《ほし》にあり、どんな兵器《へいき》を備《そな》えているか、す早《ばや》くその状況《じょうきょう》を判断《はんだん》し、一糸乱《いっしみだ》れぬ集団行動《しゅうだんこうどう》で攻撃《こうげき》する。そして、勝《しょう》利《り》を得《え》るまで戦《たたか》うことをやめようとはしないのだ。

ロボットの進化《しんか》

ロボットの名《な》がはじめて登場《とうじょう》するのは、チェコのカレル・チャペックのＳＦ《エスエフ》小説《しょうせつ》だ。その意味《いみ》は、「働《はたら》くもの」ということで、もともとは人間《にんげん》に変《か》わってさまざまな労働《ろうどう》をするために考《かんが》えられた。

そして、人間《にんげん》のために奉仕して、よりよい社会《しゃかい》を築《きず》くために作《つく》り出《だ》されたのがロボットだ。

彼《かれ》らは工場《こうじょう》で働《はたら》いたり、海底開発《かいていかいはつ》や宇宙開発《うちゅうかいはつ》など、人間《にんげん》の行《い》けないところでも手足《てあし》となって活《かつ》やくできるのだ。

しかし、より科学《かがく》が発達《はったつ》すると、思考能力《しこうのうりょく》を持《も》ったロボットが現《あら》われ、いつの日《ひ》か人間《にんげん》に対《たい》して反乱《はんらん》を起《お》こすだろうと、チャペックはその作品《さくひん》の中《なか》で警告《けいこく》している。

宇《う》宙《ちゆう》軍《ぐん》団《だん》
特《とつ》攻《こう》兵《へい》器《き》

惑星基地《わくせいきち》を潰《つぶ》せ!!——宇宙戦車《うちゅうせんしゃ》

惑星上《わくせいじょう》における攻防戦《こうぼうせん》のエースは、地上《ちじょう》を走《はし》る宇宙戦車《うちゅうせんしゃ》だ。この兵器《へいき》は、陥落寸前《かんらくすんぜん》の惑星基地《わくせいきち》に対《たい》して、最終的《さいしゅうてき》な破壊《はかい》を加《くわ》えるのに使《つか》われる。宇宙戦車《うちゅうせんしゃ》の不気味《ぶきみ》な姿《すがた》は、まさに宇宙《うちゅう》の死刑執行人《しけいしっこうにん》を思《おも》わせる。

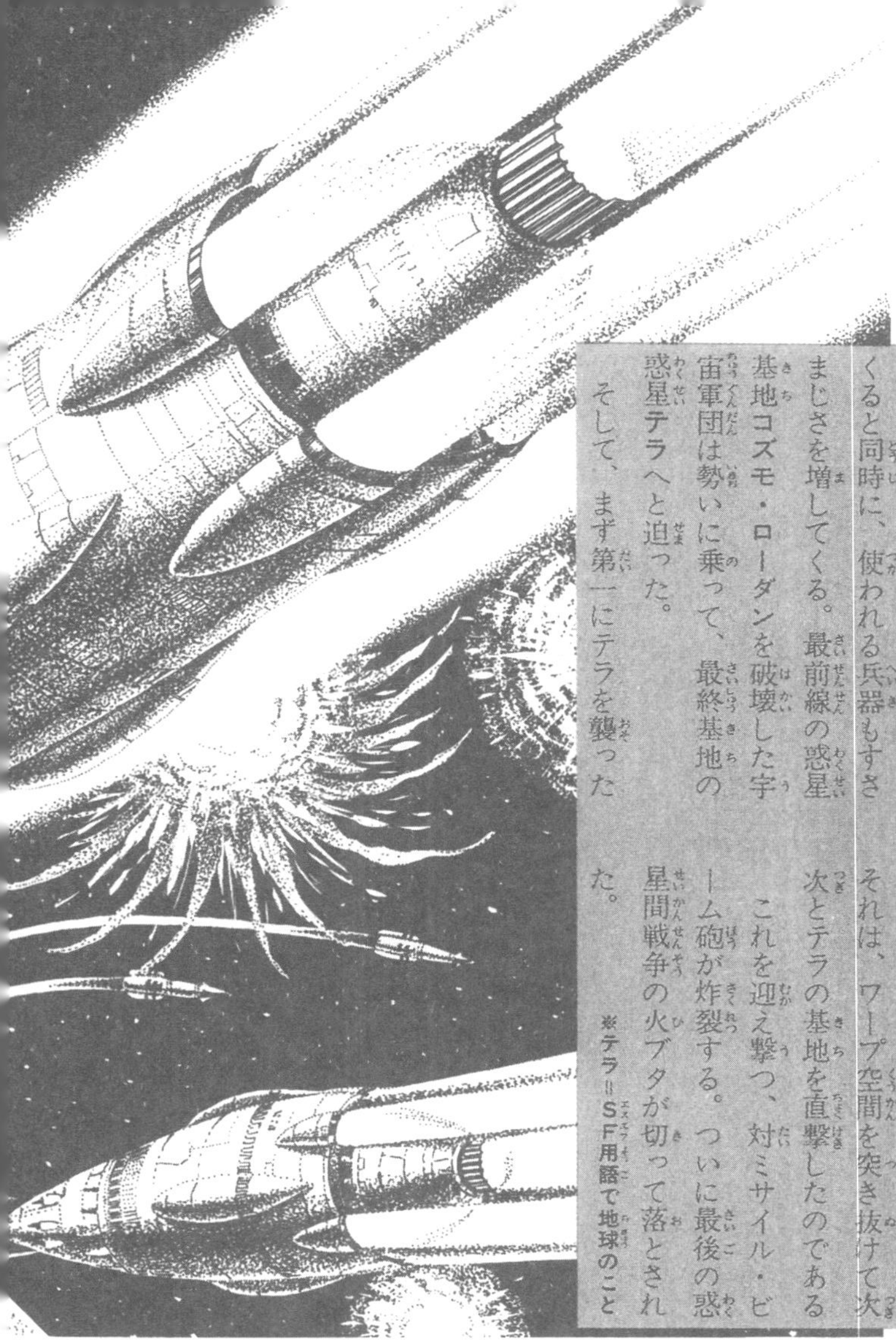

惑星間戦争《わくせいかんせんそう》もいよいよ白熱化《はくねつか》してくると同時《どうじ》に、使《つか》われる兵器《へいき》もすさまじさを増《ま》してくる。最前線《さいぜんせん》の惑星《わくせい》基地《きち》コズモ・ローダンを破壊《はかい》した宇《う》宙軍団《ちゅうぐんだん》は勢《いきお》いに乗《の》って、最終基地《さいしゅうきち》の惑星《わくせい》テラへと迫《せま》った。

そして、まず第《だい》一にテラを襲《おそ》ったのは、惑星間《わくせいかん》ミサイルの雨《あめ》だった。

それは、ワープ空間《くうかん》を突《つ》き抜《ぬ》けて次《つぎ》次《つぎ》とテラの基地《きち》を直撃《ちょくげき》したのである。

これを迎《むか》え撃《う》つ、対《たい》ミサイル・ビーム砲《ほう》が炸裂《さくれつ》する。ついに最後《さいご》の惑《わく》星間戦争《せいかんせんそう》の火《ひ》ブタが切《き》って落《お》とされた。

※テラ＝SF《エスエフ》用語《ようご》で地球《ちきゅう》のこと

惑星《わくせい》をブッとばせ!!

惑星間《わくせいかん》ミサイル大作戦《だいさくせん》

惑星《わくせい》をブッとばせ!!

惑星間《わくせいかん》ミサイル大作戦《だいさくせん》!!

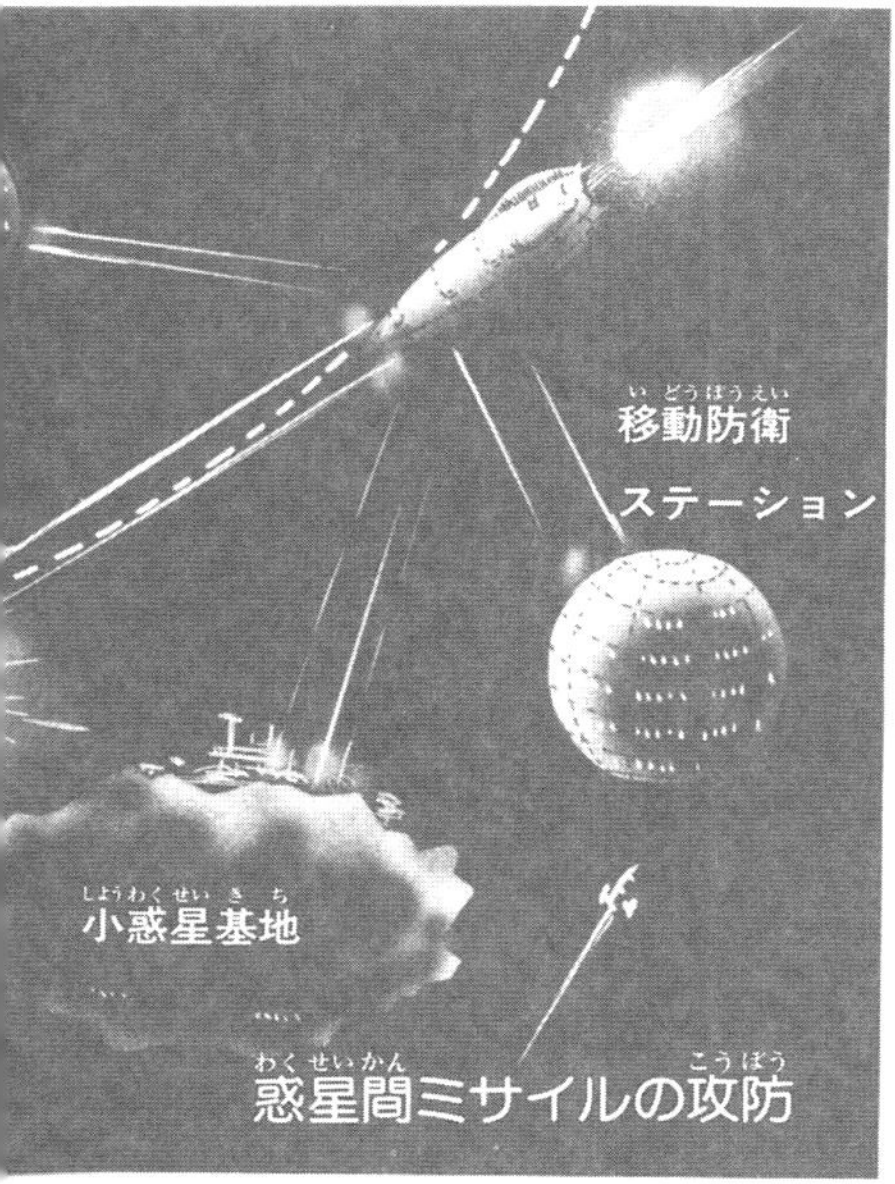

惑星間《わくせいかん》ミサイルの攻防《こうぼう》

太陽系《たいようけい》を飛《と》び交《か》う惑星《わくせい》間《かん》ミサイル。そのスタイルはいくつか考《かんが》えられる。たとえば、母艦《ぼかん》で敵地《てきち》へ近《ちか》づき発射《はっしゃ》する方法《ほうほう》。あるいはワープを利用《りよう》して、直接《ちょくせつ》、相手《あいて》の星《ほし》へ射《う》ち込《こ》む方法《ほうほう》などがある。

SF《エスエフ》ヒーロー名鑑《めいかん》

■**ダー・ナル**＝銀河系《ぎんがけい》に侵略《しんりゃく》をはかる巨大《きょだい》な島宇宙《しまうちゅう》。銀河系連合評議会《ぎんがけいれんごうひょうぎかい》は、この危機《きき》を乗《の》り切《き》るためアンドロメダ星雲《せいうん》に応援《おうえん》を求《もと》める。その使者《ししゃ》となるのがダー・ナルと三人《にん》の部下《ぶか》である。彼《かれ》らの活《かつ》やくに、銀河《ぎんが》系《けい》の運命《うんめい》がかけられているのだ。そして、ついにそれぞれの宇宙《うちゅう》を守《まも》るための銀河大戦《ぎんがたいせん》へと突入《とつにゅう》する。

☆**仲間《なかま》たち**＝**コーラス・カン**は金属人間《きんぞくにんげん》で、宇宙船《うちゅうせん》の操従《そうじゅう》にかけては宇宙一《うちゅういち》の腕前《うでまえ》を持《も》っている。**ジュール・ディン**は、巨大《きょだい》な殻《から》に身《み》を包《つつ》んだ勇士《ゆうし》だ。

☆**宇宙船《うちゅうせん》**＝細長《ほそなが》い葉巻型《はまきがた》の星間《せいかん》パトロール船《せん》で光速《こうそく》の一千倍《せんばい》もの速度《そくど》を出《だ》すことができる。**アンドロメダ宇宙船《うちゅうせん》**は、目《め》に見《み》えない破壊線《はかいせん》を発射《はっしゃ》する。その他《ほか》、敵《てき》の蛇人間《へびにんげん》の磁石船《じしゃくせん》など多《おお》くの宇宙船《うちゅうせん》が入《い》り乱《みだ》れて銀河《ぎんが》大戦《たいせん》を展開《てんかい》する。

☆**武器《ぶき》**＝重力無効光線《じゅうりょくむこうこうせん》、破砕光線《はさいこうせん》、吸引力線《きゅういんりょくせん》など、宇《う》宙船《ちゅうせん》から発射《はっしゃ》される武器《ぶき》が多《おお》い。

☆**敵《てき》**＝銀河大戦《ぎんがたいせん》はダー・ナルたち銀河連合評議会《ぎんがれんごうひょうぎかい》とアンドロメダ星人《せいじん》の連合軍《れんごうぐん》と、侵略《しんりゃく》する数百万光年《すうひゃくまんこうねん》離《はな》れた島宇宙人《しまうちゅうじん》の間《あいだ》で行《おこな》われる。その侵略軍《しんりゃくぐん》が蛇人間《へびにんげん》と呼《よ》ばれる不気味《ぶきみ》な異星人《いせいじん》だ。彼《かれ》らは、細長《ほそなが》く、くねくねした青白《あおじろ》い肉体《にくたい》を持《も》っている。長《なが》さは約《やく》3《メートル》で手足《てあし》は無《な》い。長《なが》い円筒形《えんとうけい》の体《からだ》は両端《りょうはし》がスッポリと切断《せつだん》されたようになっており、片方《かたほう》に複眼《ふくがん》のついた顔《かお》がある。

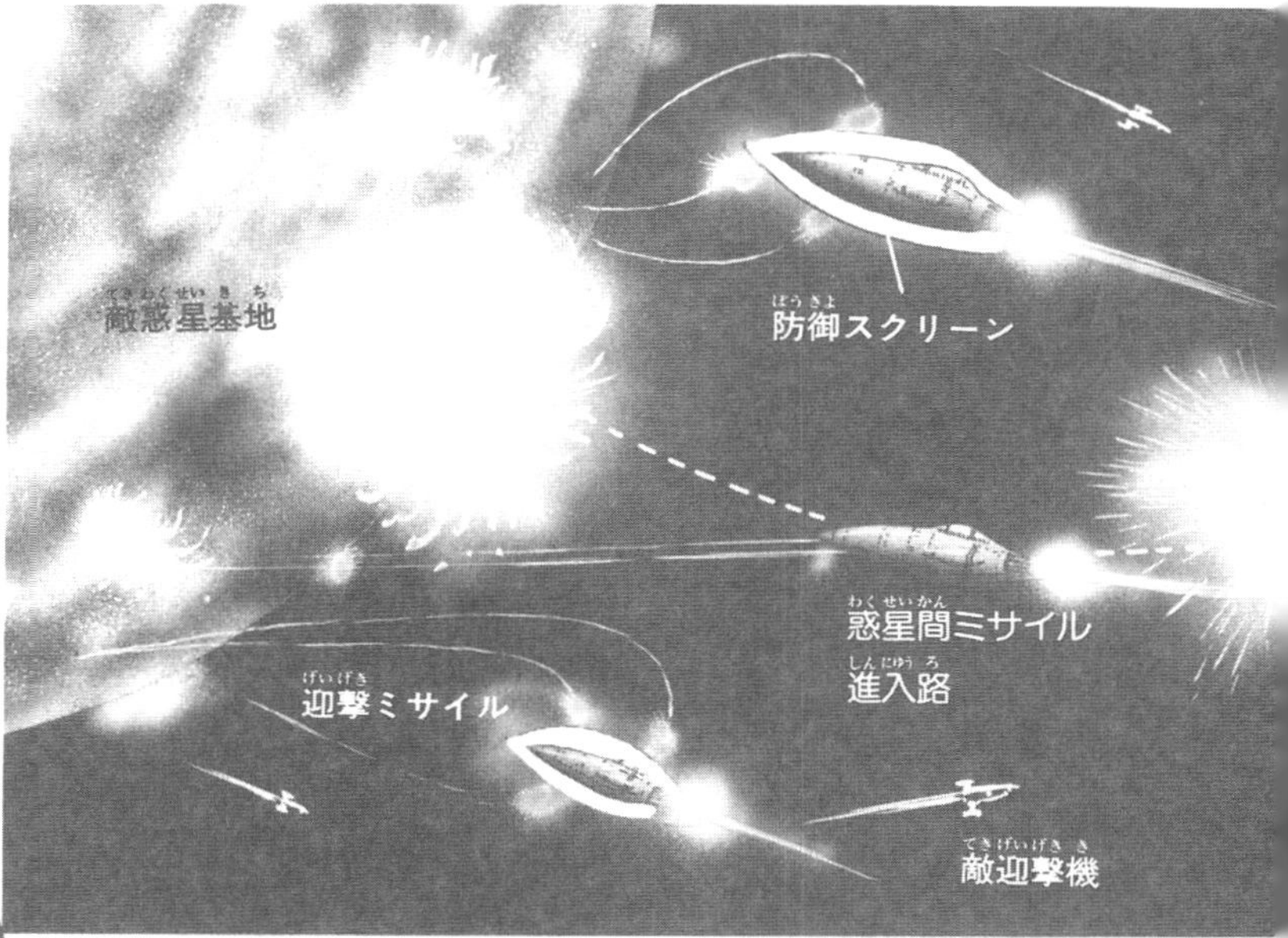

SF《エスエフ》ヒーロー名鑑《めいかん》

■ペリー・ローダン＝複数《ふくすう》の作家《さっか》によるドイツのSF《エスエフ》ヒーローであることが最大《さいだい》の特徴《とくちょう》。月着陸《つきちゃくりく》を初《はじ》めてやりとげたローダンは、そこでアルコン人《じん》（強力《きょうりょく》な科学《かがく》力《りょく》と大帝国《だいていこく》を有《ゆう》しながら破滅《はめつ》への道《みち》を歩《あゆ》んでいる）と出会《であ》い、地球《ちきゅう》に「第三《だいさん》勢力《せいりょく》」を築《きず》いて統合《とうごう》を計《はか》る。

☆宇宙船《うちゅうせん》＝「スターダスト」。直径《ちょっけい》800メートル、乗員《じょういん》は500名《めい》の巨艦《きょかん》。さらに、球形巡洋艦《きゅうけいじゅんようかん》「ソラー・システム」、「テラ」などがアルコン人《じん》の技術協力《ぎじゅつきょうりょく》によって完成《かんせい》。「ワンダラー」は「永遠《えいえん》の生命《せいめい》の星《ほし》」自身《じしん》。完全《かんぜん》な自給自足《じきゅうじそく》でき巨《きょ》大《だい》な宇宙《うちゅう》ステーションで、厚《あつ》さは約《やく》600キロメートル、直径《ちょっけい》8000キロメートルで半円《はんえん》のエネルギーバリヤーに守《まも》られている。

☆仲間《なかま》たち＝ミュータント部隊《ぶたい》とよばれる。テレポートができる**タコ・カクタ**、**ジョン・マーシャル**などの超能力者《ちょうのうりょくしゃ》たちがローダンのよき協力者《きょうりょくしゃ》だ。さらに、月《つき》旅行《りょこう》で出会《であ》ったアルコン人《じん》、**クレスト**と**トーラ**。この二人《ふたり》は、滅亡《めつぼう》に向《む》うアルコン族《ぞく》を救《すく》うため、「永遠《えいえん》の生命《せいめい》の星《ほし》」を捜《さが》し求《もと》めて旅《たび》をつづけているのだ。さらに、ローダンの片腕《かたうで》であるブリーこと、**レジナルド・ブル**と、ビーバーのような生《い》き物《もの》**グッキー**がいる。

☆敵《てき》＝まずは、地球上《ちきゅうじょう》の東西両陣営《とうざいりょうじんえい》だ。そして、ハチに似《に》たIVS《アイブイエス》。トカゲから進化《しんか》したトプシダー人《じん》。他人《たにん》の精神《せいしん》をコントロールする**ヒュプノ**とよばれる地《ち》球人《きゅうじん》のミュータントなどだ。

惑星間戦争《わくせいかんせんそう》の終結《しゅうけつ》

惑星間戦争《わくせいかんせんそう》は、一方《いっぽう》の惑星《わくせい》の消滅《しょうめつ》という形《かたち》で終《お》わりを告《つ》げる。すなわち、勝《か》った方《ほう》はその惑星《わくせい》のあった広大《こうだい》な宙域《ちゅういき》（惑星《わくせい》を中心《ちゅうしん》とした一部《ぶ》の宇《う》宙《ちゅう》）を支配《しはい》する。一方《いっぽう》、敗《やぶ》れた方《ほう》は星《ほし》とともに滅亡《めつぼう》する運命《うんめい》にあるのだ。そして、滅《ほろ》びた方《ほう》は、やがて宇宙《うちゅう》の歴史《れきし》のかなたに忘《わす》れさられてしまう。

また、勝《か》った方《ほう》は、その栄光《えいこう》を超合金《ちょうごうきん》の板《いた》に記《き》録《ろく》し、歴史《れきし》に残《のこ》すことだろう。

しかし、やがて次《つぎ》の大戦争《だいせんそう》が起《お》こることは、惑《わく》星間戦争《せいかんせんそう》の終《お》わった時《とき》すでに予感《よかん》されているのだ。

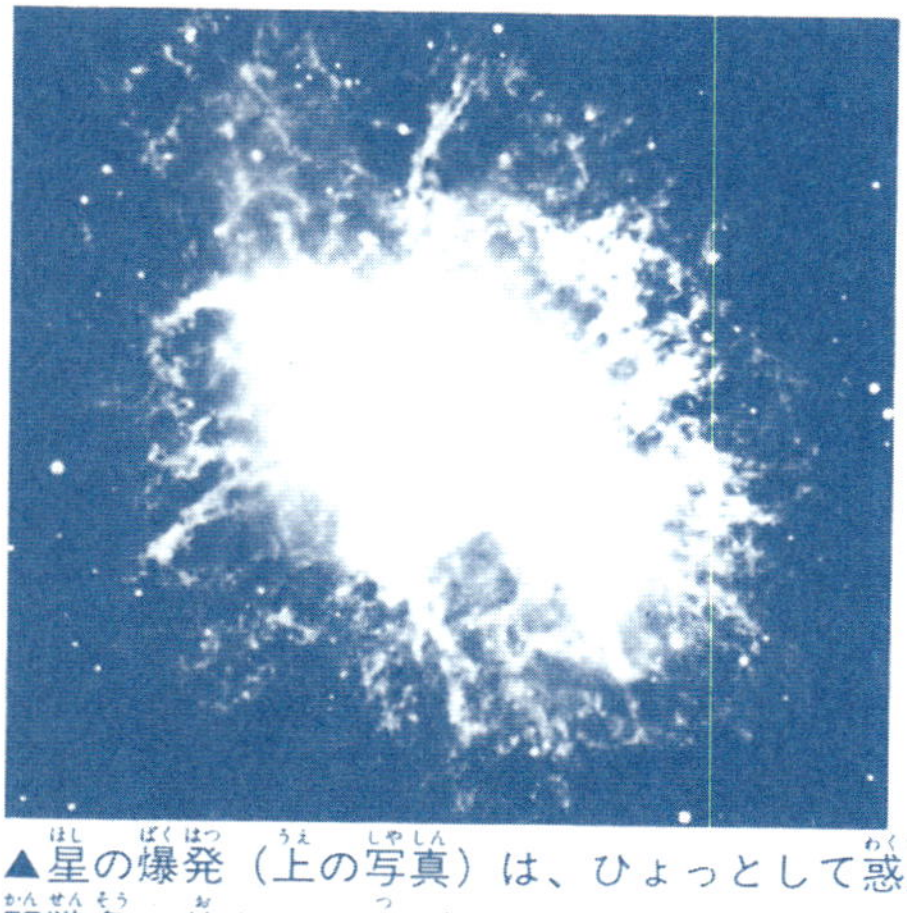

▲星《ほし》の爆発《ばくはつ》（上《うえ》の写真《しゃしん》）は、ひょっとして惑星《わくせい》間戦争《かんせんそう》の終《お》わりを告《つ》げるものかもしれない。

惑星間戦争《わくせいかんせんそう》に勝《か》った者《もの》たちは、しだいに勢力《せいりょく》を広《ひろ》げ銀河連邦《ぎんがれんぽう》を築《きず》いた。
しかし、彼《かれ》らは次々《つぎつぎ》と宇宙《うちゅう》を侵略《しんりゃく》してまわる好戦的《こうせんてき》な宇宙軍団《うちゅうぐんだん》の新《あら》たな目標《もくひょう》とされたのである——!!
宇宙軍団《うちゅうぐんだん》
銀河連邦軍《ぎんがれんぽうぐん》

PART—3

銀《ぎん》河《が》大《たい》戦《せん》

遠《とお》い宇宙《うちゅう》の彼方《かなた》で一個の星《ほし》がまぶしく輝《かがや》いて消《き》えた。それこそ、広大《こうだい》な銀河《ぎんが》を舞《ぶ》台《たい》にくり広《ひろ》げられる銀河大《ぎんがたい》戦《せん》の幕《まく》あけであった——!!

極秘《ごくひ》 惑星爆弾《わくせいばくだん》

決戦《けっせん》の時《とき》は来《き》た。銀河連邦《ぎんがれんぽう》の惑星《わくせい》基地《きち》の周囲《しゅうい》には無数《むすう》の宇宙機雷《うちゅうきらい》が、宇宙軍団《うちゅうぐんだん》の攻撃《こうげき》に備《そな》えて配置《はいち》された。

やがて、宇宙《うちゅう》のかなたに小《ちい》さなブリップ（目標《もくひょう》）が浮《う》かびあがった。と、それは見《み》るまに巨大《きょだい》な岩《いわ》のかたまりのような姿《すがた》をはっきりさせて、惑星基地《わくせいきち》へと迫《せま》ってきた。

これこそ、宇宙軍団《うちゅうぐんだん》の秘密兵器《ひみつへいき》、惑《わく》星爆弾《せいばくだん》だ。強力《きょうりょく》なロケット噴射《ふんしゃ》の尾《お》をひいて、宇宙機雷《うちゅうきらい》をけちらし、惑《わく》星基地《せいきち》の中枢《ちゅうすう》へ激突《げきとつ》する。宇宙空間《うちゅうくうかん》を引《ひ》き裂《さ》かんばかりの白熱《はくねつ》の閃光《せんこう》!!

スペース・ウェポン

宇宙機雷《うちゅうきらい》

宇宙機雷《うちゅうきらい》は、人工衛星《じんこうえいせい》を防《ぼう》ぎょ兵器《へいき》に改良《かいりょう》して、宇宙《うちゅう》からの攻撃《こうげき》に備《そな》える役割《やくわり》を果す。

敵《てき》のミサイルなどが接近《せっきん》すると、コンピューターで目標《もくひょう》を察知《さっち》して追撃《ついげき》するのだ。

惑星《わくせい》爆弾《ばくだん》の全《ぜん》ぼう!!

銀河系《ぎんがけい》を舞台《ぶたい》とする恒星間《こうせいかん》の戦争《せんそう》は、気《き》の遠《とお》くなるような距離《きょり》を隔《へだ》てて展開《てんかい》される。そこで用《もち》いられるスペース・ウェポン（宇宙兵《うちゅうへい》器《き》）は、およそ常識《じょうしき》をはずれたものだ。

光速《こうそく》を越《こ》え、次元《じげん》を も超越《ちょうえつ》してしまう超兵《ちょうへい》器《き》が出現《しゅつげん》するかもしれない。

この惑星爆弾《わくせいばくだん》も、宇《う》宙《ちゅう》に浮《う》かんでいる一個《こ》の小惑星《しょうわくせい》を、爆弾《ばくだん》に改《かい》造《ぞう》して、相手《あいて》の基地《きち》へ射《い》ち込《こ》むという兵器《へいき》なのだ。

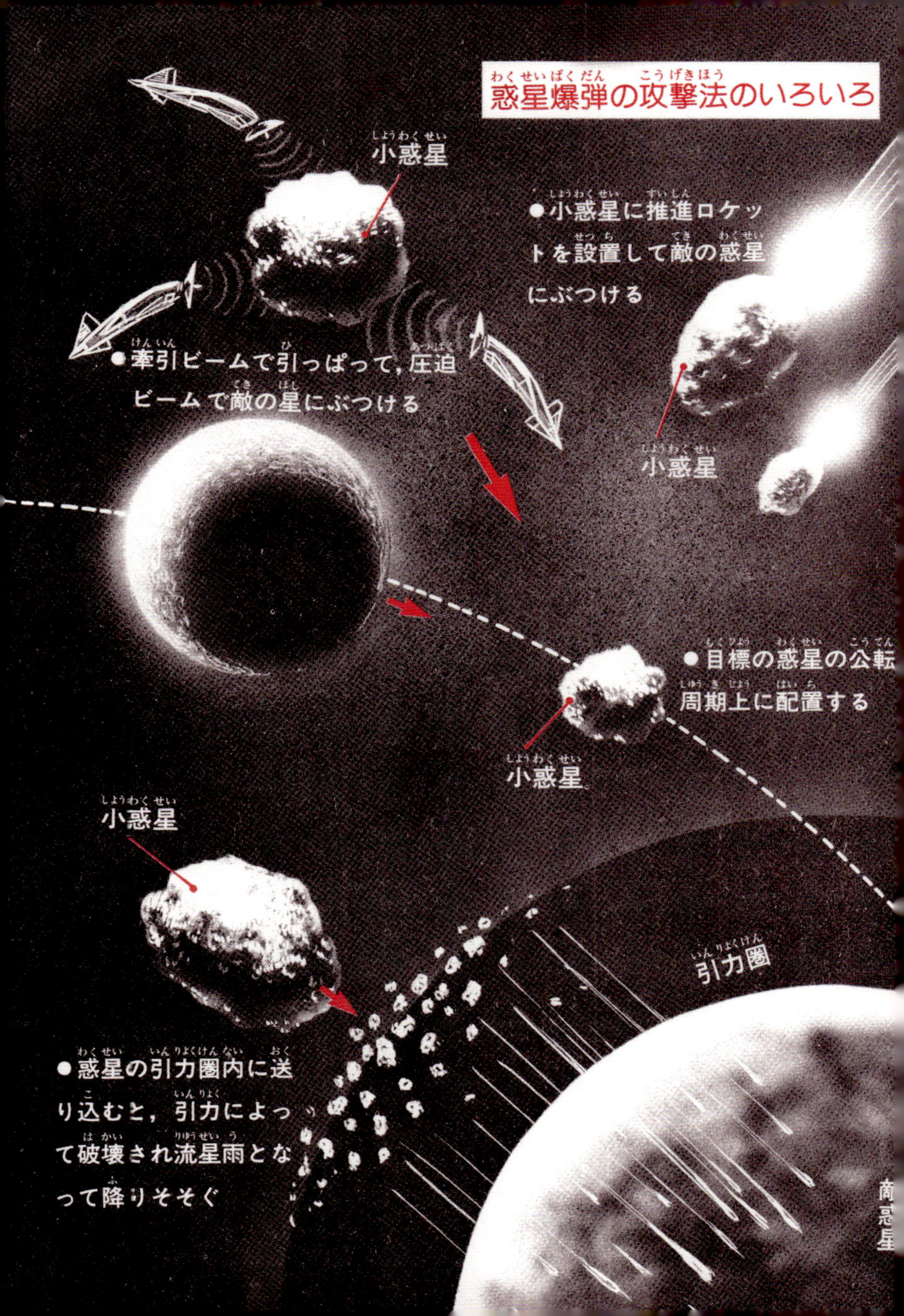
惑星爆弾《わくせいばくだん》の攻撃法《こうげきほう》のいろいろ
小惑星《しょうわくせい》
●小惑星《しょうわくせい》に推進《すいしん》ロケットを設置《せっち》して敵《てき》の惑星《わくせい》にぶつける
●牽引《けんいん》ビームで引《ひ》っぱって，圧迫《あっぱく》ビームで敵《てき》の星《ほし》にぶつける
小惑星《しょうわくせい》
●目標《もくりょう》の惑星《わくせい》の公転《こうてん》周期上《しゅうきじょう》に配置《はいち》する
小惑星《しょうわくせい》
小惑星《しょうわくせい》
引力圏《いんりょくけん》
●惑星《わくせい》の引力圏内《いんりょくけんない》に送《おく》り込《こ》むと，引力《いんりょく》によって破壊《はかい》され流星雨《りゅうせいう》となって降《ふ》りそそぐ

反物質《はんぶっしつ》爆弾《ばくだん》

もし、宇宙旅行中《うちゅうりょこうちゅう》に地球《ちきゅう》とそっくりの惑星《わくせい》が見《み》つかったとしても、むやみやたらに近《ちか》づくと危《あぶ》いゾ。ひょっとするとその星《ほし》は、われわれが住《す》む地球《ちきゅう》に対《たい》する反地球《はんちきゅう》かもしれないからだ。そこには、きみとそっくりの反《はん》きみが存在《そんざい》しているにちがいない。もし、きみと反きみがふれ合ったとたん、二人《ふたり》は大爆発《だいばくはつ》をおこして一瞬《いっしゅん》のうちに消滅《しょうめつ》してしまうだろう。

このように正《せい》の物質《ぶっしつ》（例《たと》えば地球《ちきゅう》やきみ）と反物質《はんぶっしつ》（例《たと》えば反地球《はんちきゅう》や反《はん》きみ）がぶつかると、大爆発《だいばくはつ》を起《お》こす性質《せいしつ》を利用《りよう》したのが**反物質爆弾**《はんぶっしつばくだん》だ。

Fujii

反《はん》物《ぶっ》質《しつ》とは……!?

正物質《せいぶっしつ》と反物質《はんぶっしつ》がぶつかり合《あ》うと、はげしいエネルギーを放出《ほうしゅつ》してどちらも消滅《しょうめつ》してしまう。そんな効果《こうか》を最大限《さいだいげん》に利用《りよう》したのが反物質爆弾《はんぶっしつばくだん》だということはわかったと思《おも》う。では、一体《いったい》反物質《はんぶっしつ》とはどんなものだろうか。

物質《ぶっしつ》は、電子《でんし》や中性子《ちゅうせいし》、陽子《ようし》などの素粒子《そりゅうし》によって構成《こうせい》されている。反物質《はんぶっしつ》とは、陽電子《ようでんし》、反中《はんちゅう》性子《せいし》、反陽子《はんようし》など、その正反対《せいはんたい》の性質《せいしつ》を持《も》った素《そ》粒子《りゅうし》で構成《こうせい》されたものをいうのだ。

これらの反物質《はんぶっしつ》を作《つく》り出《だ》して、（すでに反陽子《はんようし》の製造《せいぞう》は可能《かのう》に近《ちか》いのだ!!）ミサイルの弾頭《だんとう》に装着《そうちゃく》して敵《てき》の惑星《わくせい》へ射《う》ち込《こ》めば、たちまちその星《ほし》は消《しょう》滅《めつ》してしまう。この時《とき》、注意《ちゅうい》しなければならないのは、反物質《はんぶっしつ》を幾重《いくえ》にも隔離《かくり》した真空《しんくう》の密室《みっしつ》に浮《う》かせておくことだ。

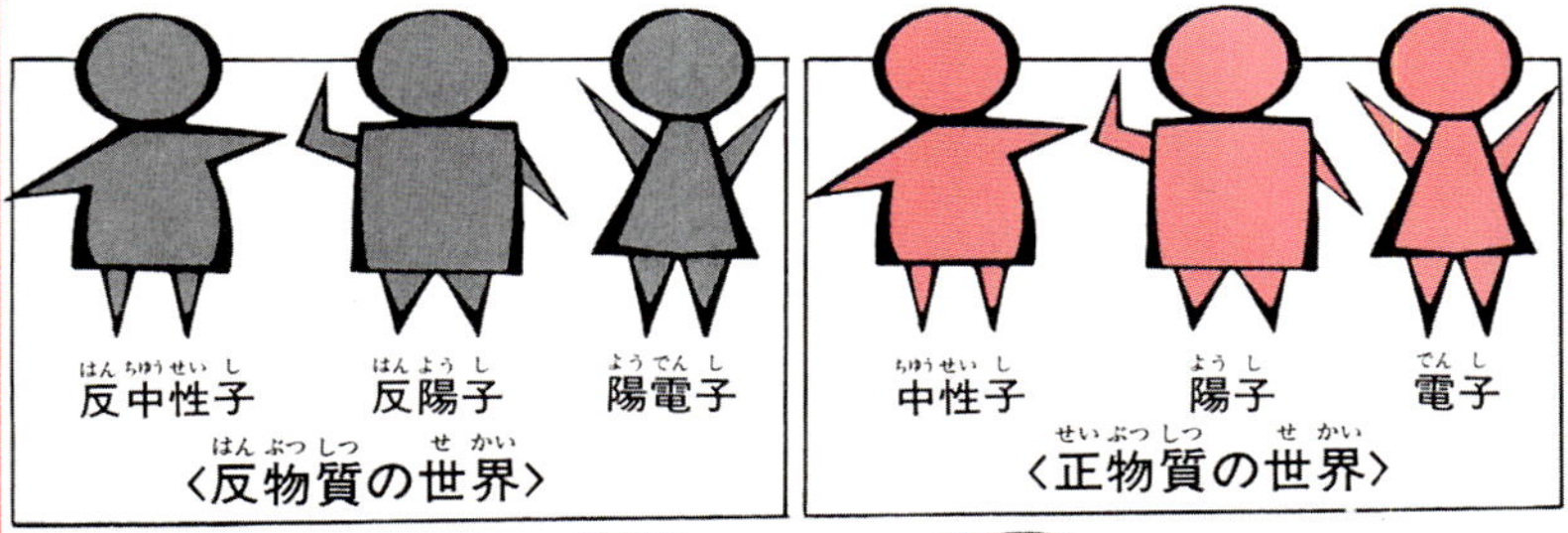

正物質《せいぶっしつ》と反物質《はんぶっしつ》が触《ふ》れ合《あ》う

大爆発《だいばくはつ》を起《お》こす!!

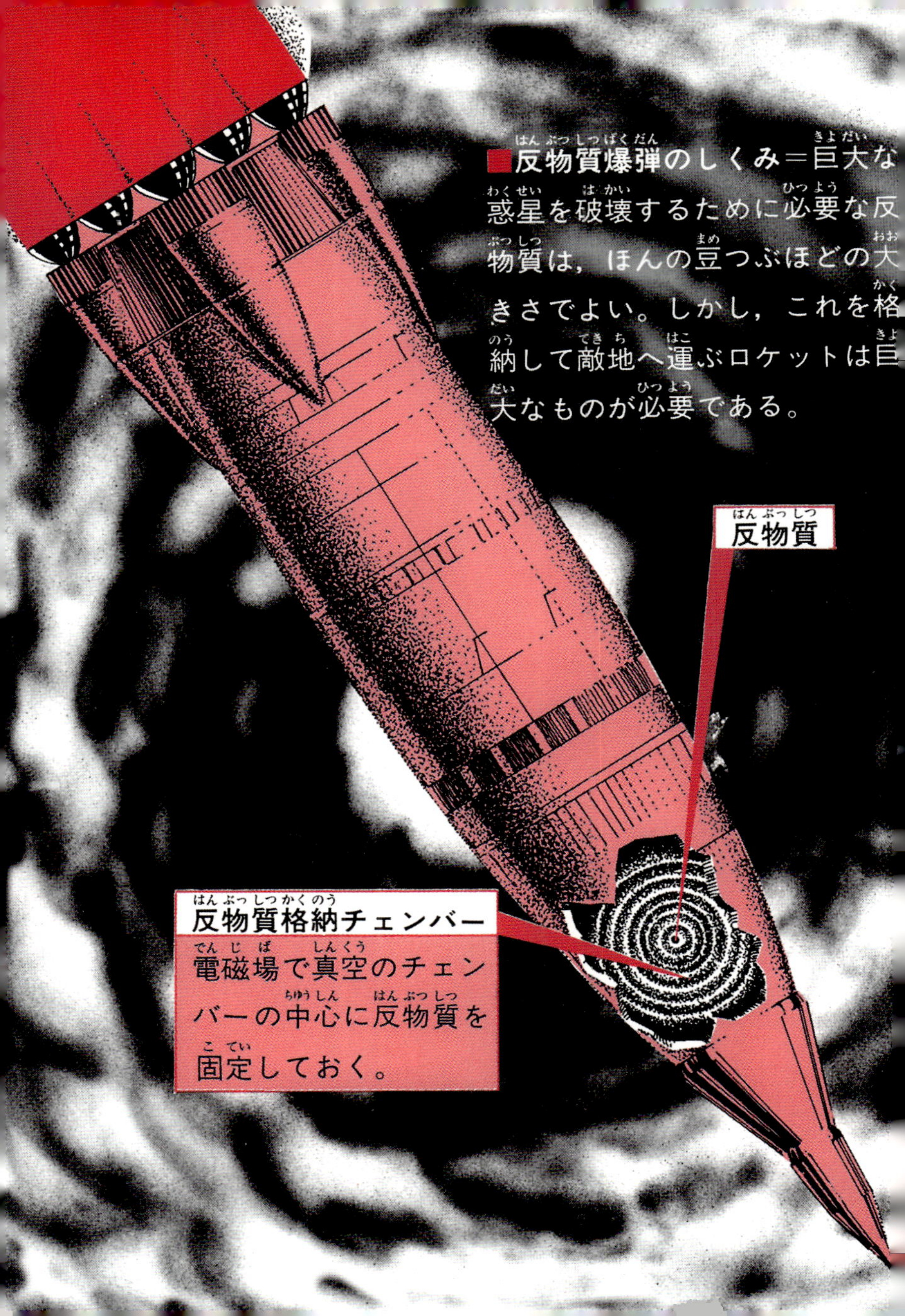

■反物質爆弾《はんぶっしつばくだん》のしくみ＝巨大《きよだい》な惑星《わくせい》を破壊《はかい》するために必要《ひつよう》な反物質《ぶっしつ》は，ほんの豆《まめ》つぶほどの大《おお》きさでよい。しかし，これを格納《かくのう》して敵地《てきち》へ運《はこ》ぶロケットは巨大《きよだい》なものが必要《ひつよう》である。

・ホール・ミサイル!!

宇宙《うちゅう》をのみこむ ブラック

それは、まるで悪夢《あくむ》がこの世《よ》に現《あら》われたような不気味《ぶきみ》なすがたをしていた。その名《な》をブラック・ホール・ミサイルという。ブラック・ホールが敵《てき》の惑星《わくせい》に射《う》ち込《こ》まれると、それは徐々《じょじょ》にまわりの物質《ぶっしつ》をのみ込《こ》んでいく。やがてその惑星《わくせい》は宇宙《うちゅう》からすがたを消《け》し、後《あと》にはいくらか大《おお》きさを増《ま》したブラック・ホールが残《のこ》っているばかりだ……。

ブラック・ホール・ミサイル計画書《けいかくしょ》

ブラック・ホールを兵器《へいき》として使用《しよう》するには、予想以上《よそういじょう》の危険《きけん》がともなう。というのも、へたをすれば自分《じぶん》たちがその犠牲《ぎせい》になってしまうからだ。そこで考《かんが》えられるのが、宇宙《うちゅう》パチンコ大作戦《だいさくせん》だ。

これは、安全《あんぜん》な距離《きょり》をへだてて位置《いち》する二台《だい》の牽引《けんいん》ビームによってブラック・ホールを捕《とら》え、目標《もくひょう》へ向《む》けてはじこうというのだ。

ブラック・ホール発射機《はっしゃき》

宇宙《うちゅう》パチンコ大作戦《だいさくせん》で活《かつ》やくするのが強力《きょうりょく》な牽引《けんいん》ビームを備《そな》えたブラック・ホール発射機《はっしゃき》だ。これは、超《ちょう》電導技術《でんどうぎじゅつ》を利用《りよう》して、特殊《とくしゅ》な磁場《じば》を作《つく》り出《だ》すことにより小《ち》さなブラック・ホールを集《あつ》める。それを目標《もくひょう》の惑《わく》星《せい》に向《む》けてたたきつけるのだ。

恐《おそ》るべきブラック・ホールの威力《いりょく》!!

さて、発射機《はっしゃき》によってたたき出《だ》されたブラック・ホールは、目標《もくひょう》の惑星《わくせい》に射《う》ち込《こ》まれ、一年《ねん》たらずの間《あいだ》に、その惑星《わくせい》をのみこんでしまう。

ブラックホールは，惑星内《わくせいない》部にもぐりこみ，惑星《わくせい》をしだいにのみこんでゆく。

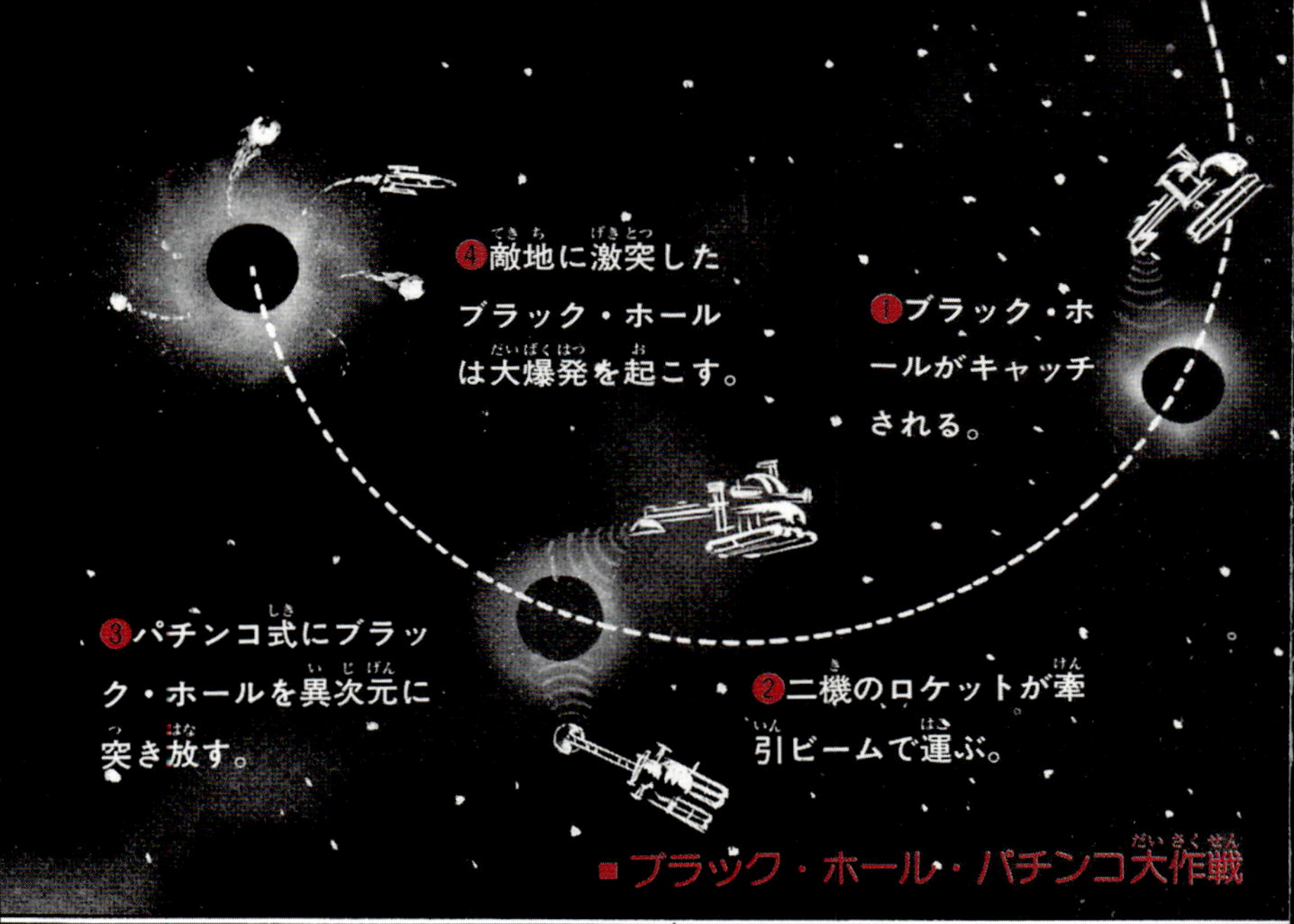

■ブラック・ホール・パチンコ大作戦《だいさくせん》

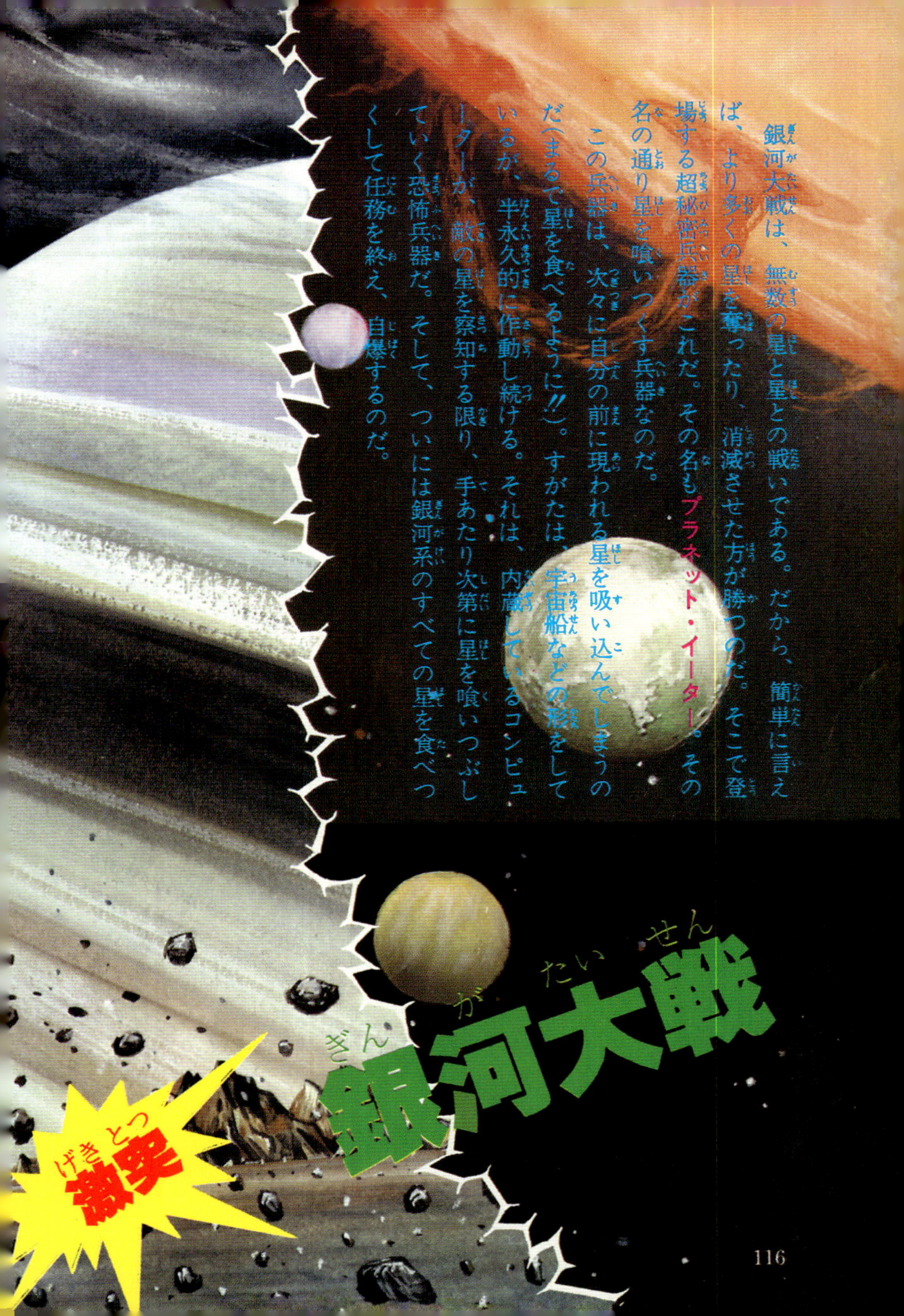

激突《げきとつ》 銀河大戦《ぎんがたいせん》

銀河大戦《ぎんがたいせん》は、無数《むすう》の星《ほし》と星《ほし》との戦《たたか》いである。だから、簡単《かんたん》に言《い》えば、より多《おお》くの星《ほし》を奪《うば》ったり、消滅《しょうめつ》させた方《ほう》が勝《か》つのだ。そこで登場《とうじょう》する超秘密兵器《ちょうひみつへいき》がこれだ。その名《な》もプラネット・イーター。その名《な》の通《とお》り星《ほし》を喰《く》いつくす兵器《へいき》なのだ。

この兵器《へいき》は、次々《つぎつぎ》に自分《じぶん》の前《まえ》に現《あらわ》れる星《ほし》を吸《す》い込《こ》んでしまうのだ(まるで星《ほし》を食《た》べるように!!)。すがたは、宇宙船《うちゅうせん》などの形《かたち》をしているが、半永久的《はんえいきゅうてき》に作動《さどう》し続《つづ》ける。それは、内蔵《ないぞう》しているコンピューターが、敵《てき》の星《ほし》を察知《さっち》する限《かぎ》り、手《て》あたり次第《しだい》に星《ほし》を喰《く》いつぶしていく恐怖兵器《きょうふへいき》だ。そして、ついには銀河系《ぎんがけい》のすべての星《ほし》を食《た》べつくして任務《にんむ》を終《お》え、自爆《じばく》するのだ。

銀河大戦《ぎんがたいせん》の兵器《へいき》

プロトン・ビーム砲《ほう》

宇宙艦隊《うちゅうかんたい》は、太陽《たいよう》をはるか見《み》すえる宇宙《うちゅう》の一点《てん》にピタリと静止《せいし》した。やがて、それぞれの宇宙母艦《うちゅうぼかん》からすさまじい光《ひかり》の帯《おび》が太陽《たいよう》をめがけて放射《ほうしゃ》された。その光《ひかり》は、太陽《たいよう》の中心《ちゅうしん》に射《う》ち込《こ》まれつづける。それにつれて、太陽《たいよう》の活動《かつどう》はいよいよ激《はげ》しくなっていく。何時間《なんじかん》か後《のち》、太陽《たいよう》はついにその形《かたち》を失《うしな》い、巨大《きょだい》な光のかたまりとなって、ふくれあがりはじめた。スーパー・ノヴァ（超新星《ちょうしんせい》）だ！

見《み》るまに太陽面《たいようめん》の黒点《こくてん》や紅焔《こうえん》、コロナなどに変化《へんか》が現《あら》われはじめた。輝《かがや》きを増《ま》すその光球面《こうきゅうめん》、いつもの数倍《すうばい》の高《たか》さに吹《ふ》きあがる紅焔《こうえん》のフレア‼それは同《どう》時《じ》に、この太陽系の滅亡をも意味《いみ》していた。

プロトン・ビーム砲《ほう》の威力《いりょく》

恒星《こうせい》（太陽《たいよう》）は水素《すいそ》をヘリウムに転換《てんかん》することによって、強《つよ》い光《ひかり》と熱《ねつ》を出《だ》して輝《かがや》いている。その恒星《こうせい》にも、人間《にんげん》のように一生《しょう》がある。活動《かつどう》を終《お》えた星《ほし》は、小《ちい》さいものは少《すこ》しずつ光《ひかり》を失《うしな》って死《し》に絶《た》え、大《おお》きなものは大爆発《だいばくはつ》をおこして小《ちい》さな中性子星《ちゅうせいしせい》となる。この時《とき》の爆発《ばくはつ》を**スーパー・ノヴァ**という。もちろん、その太陽系《たいようけい》の惑星《わくせい》は、その大爆発《だいばくはつ》により、気体《きたい》となって蒸発《じょうはつ》してしまう。

プロトン・ビーム砲《ほう》は、水素《すいそ》の原子核《げんしかく》であるプロトンを太陽《たいよう》に放射《ほうしゃ》する。これによって太陽《たいよう》の活動《かつどう》を促進《そくしん》させ、一気《き》に超新星爆発《ちょうしんせいばくはつ》をおこさせて太陽系《たいようけい》ごと敵《てき》を崩壊《ほうかい》させようというのだ。

この武器《ぶき》は、宇宙船《うちゅうせん》で太陽《たいよう》のすぐそばまで接《せっ》近《きん》しなければ使用《しよう》できない。そこで、これを撃《げき》

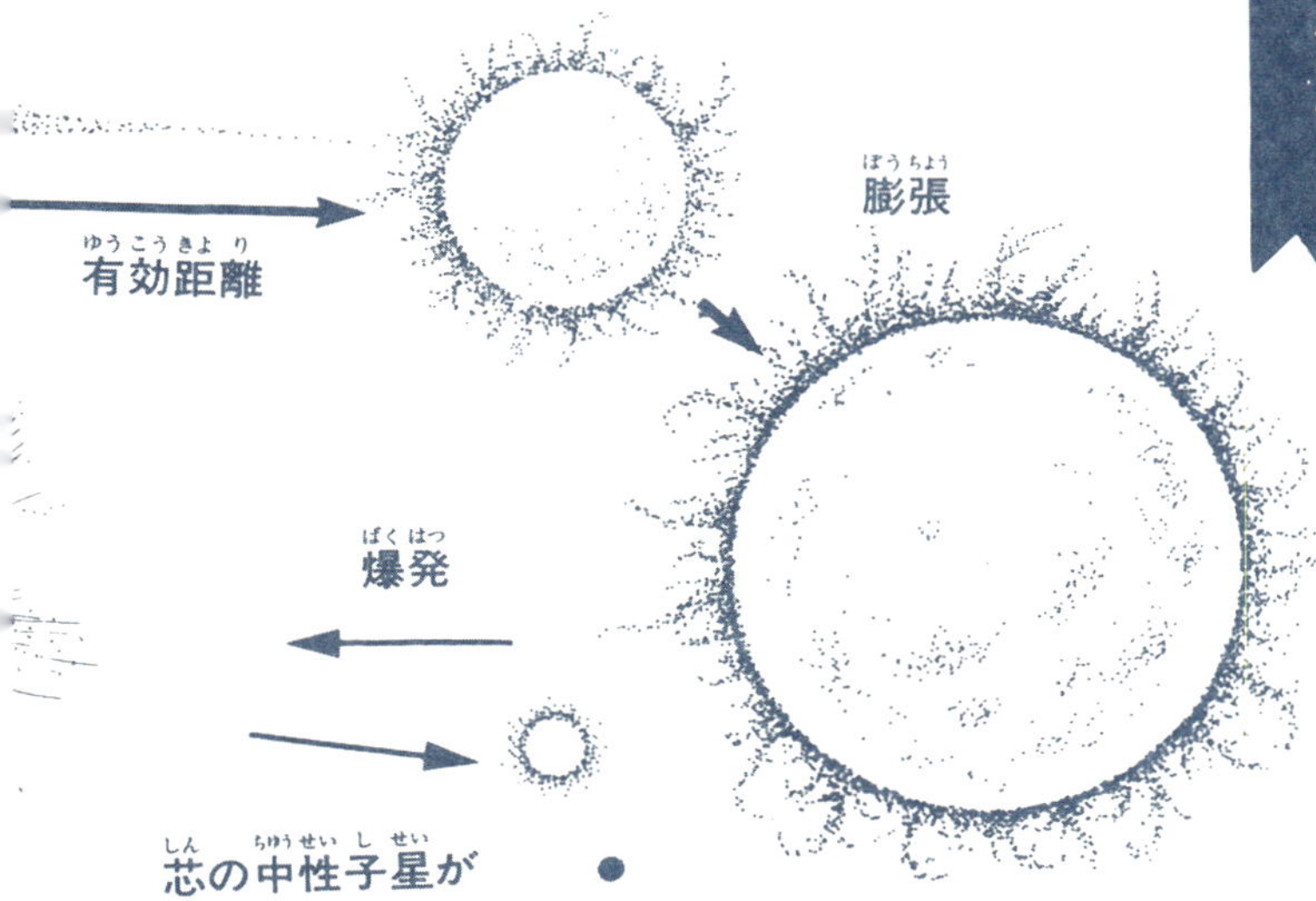

退《たい》しようとする銀河連邦軍《ぎんがれんぽうぐん》との間《あいだ》に一大《だい》宇宙戦《うちゅうせん》が展開《てんかい》されることになる。

太陽《たいよう》の超新星爆発《ちょうしんせいばくはつ》の際《さい》には、プロトン・ビーム砲《ほう》を積《つ》んだ宇宙船《うちゅうせん》もいっしょに蒸発《じょうはつ》してしまうので、おそらくその砲《ほう》は、遠《とお》い宇宙船《うちゅうせん》からコントロールされる無人宇宙船《むじんうちゅうせん》に備《そな》えられるだろう。

防《ぼう》ぎょする銀河連邦軍《ぎんがれんぽうぐん》は、そのコントロールを乱《みだ》す電波《でんぱ》を出《だ》し、宇宙《うちゅう》軍団《ぐんだん》の船《ふね》を操縦不能《そうじゅうふのう》におちいらせようとする。

それは、静《しず》かだが、一つの太陽系《たいようけい》の運命《うんめい》をかけた頭脳《ずのう》の争《あらそ》いなのだ。この戦《たたか》いこそ、銀《ぎん》河《が》大戦《たいせん》のクライマックスと言《い》っても言《い》い過《す》ぎではないだろう。

プロトン・ビーム砲《ほう》の効果《こうか》

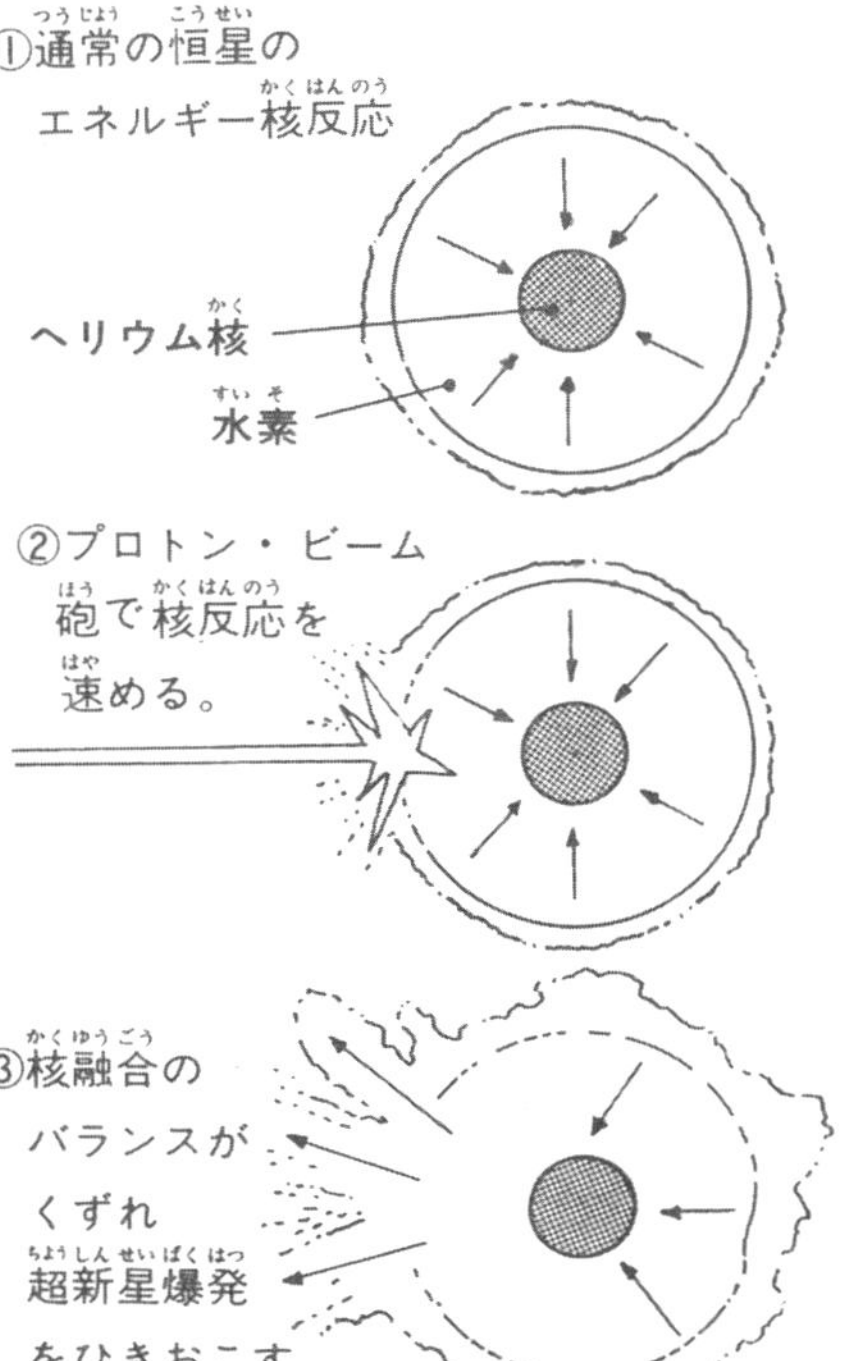

銀《ぎん》河《が》大《たい》戦《せん》の兵器《へいき》

ナゾの擬《ぎ》似《じ》太《たい》陽《よう》

核《かく》分《ぶん》解《かい》過《か》流《りゅう》装《そう》置《ち》

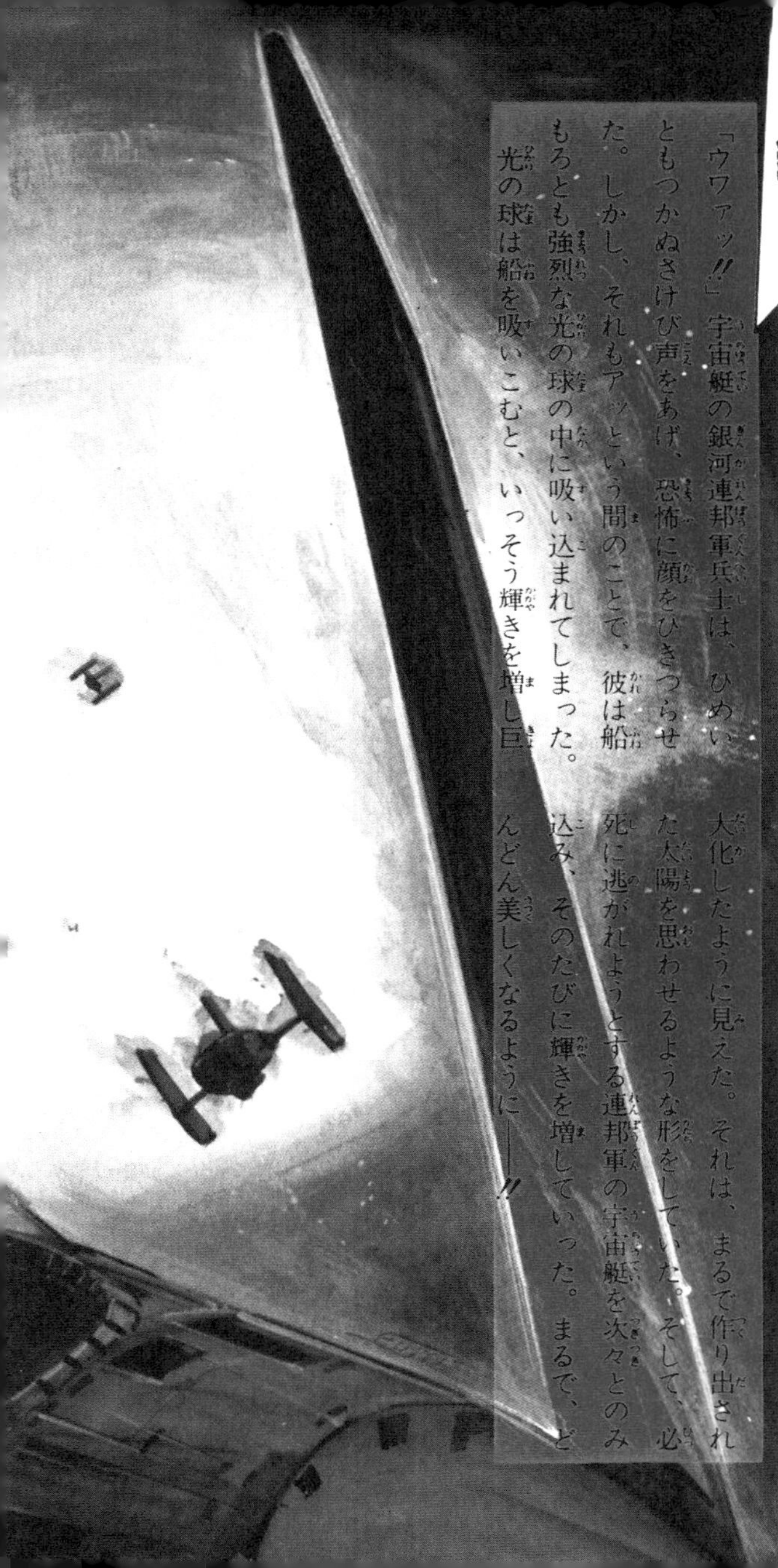

「ウワァッ!!」宇宙艇《うちゅうてい》の銀《ぎん》河《が》連《れん》邦《ぽう》軍《ぐん》兵《へい》士《し》は、ひめいともつかぬさけび声《こえ》をあげ、恐《きょう》怖《ふ》に顔《かお》をひきつらせた。しかし、それもアッという間《ま》のことで、彼《かれ》は船《ふね》もろとも強烈《きょうれつ》な光《ひかり》の球《たま》の中《なか》に吸《す》い込《こ》まれてしまった。

光《ひかり》の球《たま》は船《ふね》を吸《す》いこむと、いっそう輝《かがや》きを増《ま》し巨《きょ》大化《だいか》したように見《み》えた。それは、まるで作《つく》り出《だ》された太陽《たいよう》を思《おも》わせるような形《かたち》をしていた。そして、必《ひっ》死《し》に逃《の》がれようとする連邦軍《れんぽうぐん》の宇宙艇《うちゅうてい》を次々《つぎつぎ》とのみ込《こ》み、そのたびに輝《かがや》きを増《ま》していった。まるで、どんどん美《うつく》しくなるように——!!

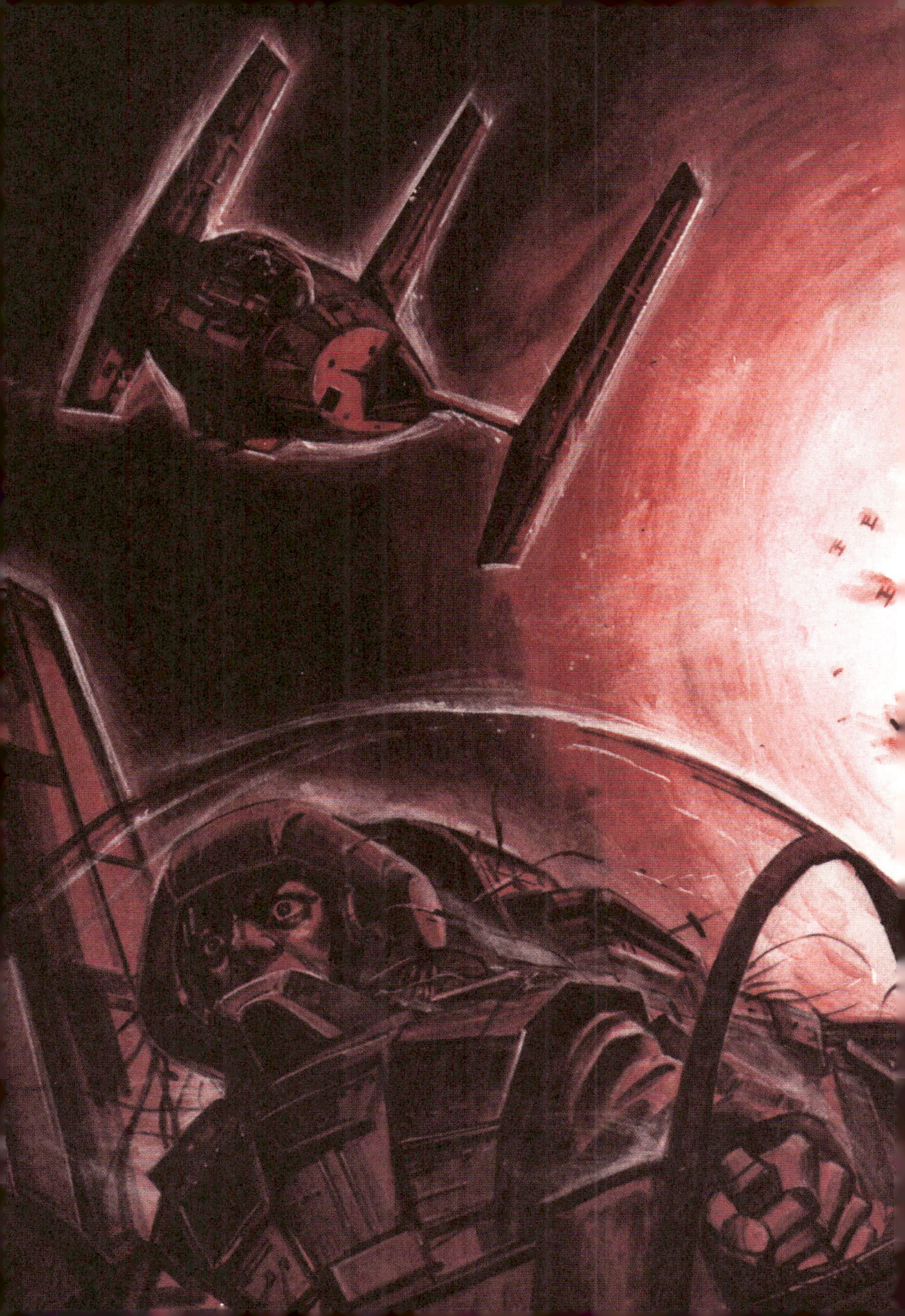

核分解過流兵器《かくぶんかいかりゅうへいき》

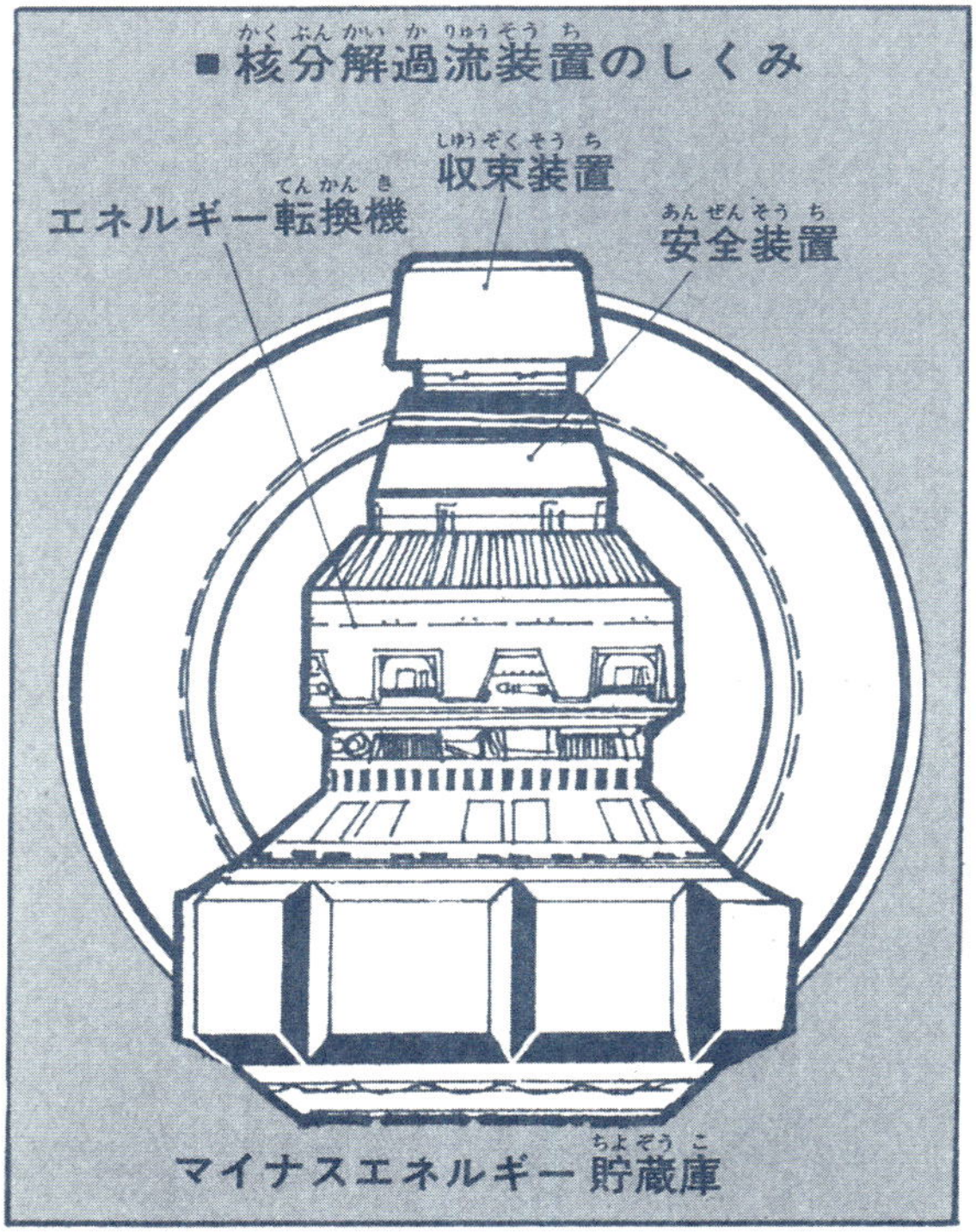

球体《きゅうたい》の爆弾《ばくだん》を敵《てき》の大艦隊《だいかんたい》のまっただ中《なか》に射《う》ち込《こ》むと、たちまち核爆発《かくばくはつ》をおこして小型《こがた》の太陽《たいよう》になってしまう。すなわち、太陽《たいよう》と同《おな》じエネルギー活動《かつどう》をはじめ、次々《つぎつぎ》と敵《てき》の宇宙船《うちゅうせん》を引《ひ》き寄《よ》せ爆発《ばくはつ》させてしまうのだ。これが、核分解過流《かくぶんかいかりゅう》装置《そうち》=凝似太陽《ぎじたいよう》だ!!

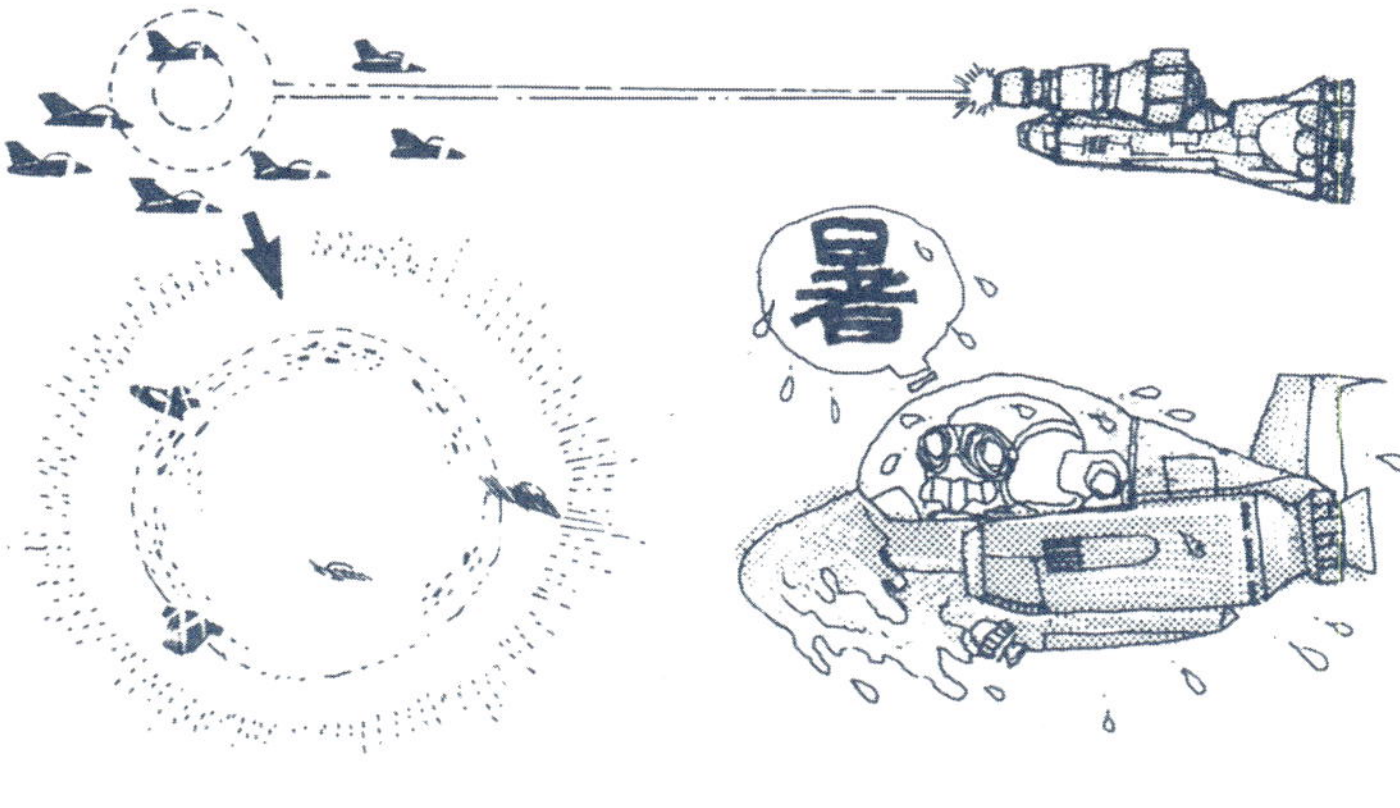

太陽真空管《たいようしんくうかん》

攻撃《こうげき》兵器《へいき》がどんどん強力《きょうりょく》になっていくのにしたがって、自《みずか》らの宇宙《うちゅう》を守《まも》る防《ぼう》ぎょ兵器《へいき》もエスカレートしていくにちがいない。

これはきっと、スペース・ウェポンの中《なか》で考《かんが》えられる最大《さいだい》の防《ぼう》ぎょ兵器《へいき》だろう。

太陽真空管《たいようしんくうかん》——それは、まさに太陽《たいよう》を陰極《いんきょく》とした一つの雄大《ゆうだい》な真空管《しんくうかん》である。太陽《たいよう》の放《ほう》射《しゃ》する電子《でんし》の流《なが》れを強《つよ》め、敵《てき》の宇宙船《うちゅうせん》にプラス電気《でんき》を帯《お》びさせて、そこへ集中《しゅうちゅう》させるのだ。カミナリよりも、強力《きょうりょく》な放電《ほうでん》によって、敵《てき》の宇宙船《うちゅうせん》はフラッシュのような輝《かがや》きとともに、蒸発消滅《じょうはつしょうめつ》してしまう。一瞬《しゅん》、太陽《たいよう》は光《ひかり》を失《うしな》ったかのように暗《くら》くなり、太陽活動《たいようかつどう》は一時《じ》、不《ふ》安定《あんてい》になるが、その大《おお》きな犠牲《ぎせい》によって、敵《てき》は撃退《げきたい》されたのだ。

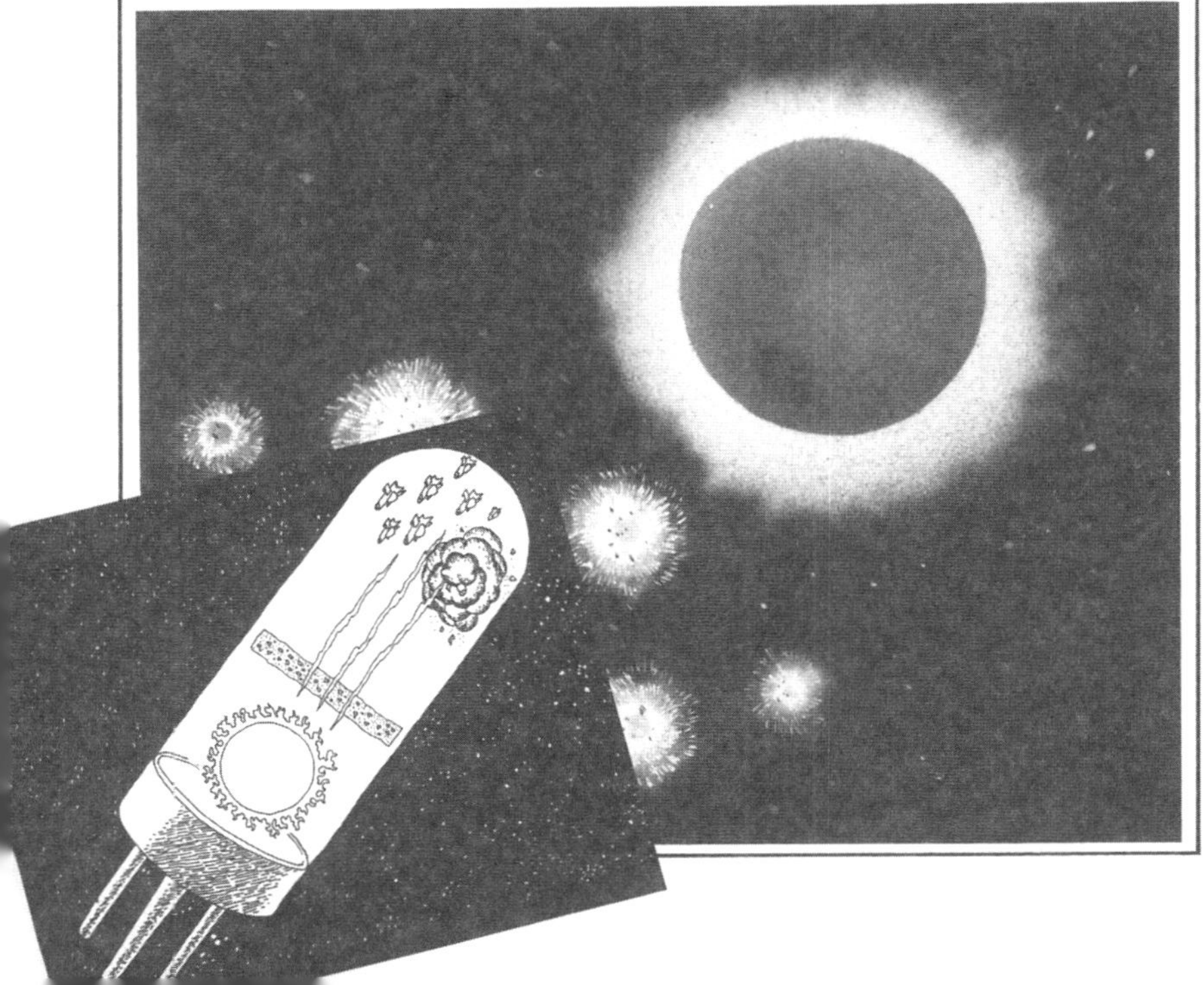

そっと教《おし》えちゃおう

銀《ぎん》河《が》連《れん》邦《ぽう》のしくみ

銀河系《ぎんがけい》に一大《だい》勢力《せいりょく》を持《も》つ銀河連邦《ぎんがれんぽう》のしくみは次《つぎ》の通《とお》りだ。

連邦評議会《れんぼうひょうぎかい》
各星間代表《かくせいかんだいひょう》
（各星系代表《かくせいけいだいひょう》）
連邦裁判所《れんぼうさいばんしょ》
各自治裁判所《かくじちさいばんしょ》
人権局《じんけんきょく》
銀河辺境地《ぎんがへんきょうち》
惑星間連絡船《わくせいかんれんらくせん》
国務省《こくむしょう》（連邦省《れんぼうしょう》）
警備局《けいびきょく》
司法局《しほうきょく》
産業局《さんぎょうきょく》
総局《そうきょく》
外務局《がいむきょく》
科学局《かがくきょく》
開発計画局《かいはつけいかくきょく》
運輸局《うんゆきょく》
調査局《ちょうさきょく》
教育局《きょういくきょく》
情報局《じょうほうきょく》
探査局《たんさきょく》
星間調査局《せいかんちょうさきょく》
食料局《しょくりょうきょく》
人口局《じんこうきょく》
移民局《いみんきょく》
計画委員会《けいかくいいんかい》
開発委員会《かいはついいんかい》
建設委員会《けんせついいんかい》
エネルギー局《きょく》
宇宙《うちゅう》パトロール
士官育成局《しかんいくせいきょく》
各星間《かくせいかん》パトロール

Q砲《ほう》

銀河連邦《ぎんがれんぽう》の宇宙船《うちゅうせん》は、ついに宇宙軍団《うちゅうぐんだん》の牽引《けんいん》ビームに捕《とら》えられた。必死《ひっし》になって防《ぼう》ぎょバリヤーを張《は》る連邦軍《れんぽうぐん》の宇宙船《うちゅうせん》。しかし、軍団《ぐんだん》の船《ふね》から発《はっ》せられた光《ひかり》の筒《つつ》が、そのバリヤーに接続《せつぞく》された。その中《なか》を推進《すいしん》ガスによって押《お》し出《だ》された水爆《すいばく》ミサイルが、すさまじい速度《そくど》で走《はし》り、防《ぼう》ぎょバリヤーを破壊《はかい》した。これが、どんなバリヤーでも打《う》ち破《やぶ》るQ砲《キューほう》だ。

SF《エスエフ》ヒーロー名鑑《めいかん》

■**ジェームス・カーク大佐《たいさ》**＝出身《しゅっしん》は、『宇宙大作戦《うちゅうだいさくせん》』シリーズ。茶《ちゃ》の間《ま》のTV《テレビ》でおなじみのヒーローだ。

アメリカのアイオワ州《しゅう》で生《う》まれたカークは、17才《さい》で宇宙《うちゅう》アカデミーに入学《にゅうがく》、天才《てんさい》と評判《ひょうばん》を呼《よ》ぶ。卒業後《そつぎょうご》はとんとん拍子《びょうし》に出世《しゅっせ》、大佐《たいさ》となる。

☆**宇宙船《うちゅうせん》＝エンタープライズ号《ごう》**。宇宙連邦《うちゅうれんぽう》がほこる新鋭《しんえい》パトロール艦《かん》。定員《ていいん》430名《めい》。全長《ぜんちょう》290メートル。

☆**仲間《なかま》たち＝**科学班長《かがくはんちょう》**ミスター・スポック**。エンタープライズ号《ごう》の副長《ふくちょう》である。彼《かれ》は地球人《ちきゅうじん》とヴァルカン星人《せいじん》との混血児《こんけつじ》だ。厳格《げんかく》な気性《きしょう》を好《この》み、論理的《ろんりてき》である。カーク大佐《たいさ》のよき協力者《きょうりょくしゃ》として、困難《こんなん》な事件《じけん》に立《た》ち向《むか》う。**レナード・マッコイ博士《はかせ》**は船医《せんい》。皮肉屋《ひにくや》であるが実《じつ》はヒューマニストだ。主任機関士《しゅにんきかんし》の**モンゴメリー・スコット少佐《しょうさ》**。愛称《あいしょう》はスコッティ。マッコイ博士《はかせ》とは仲《なか》の良《よ》い飲《の》み友《とも》だちである。彼《かれ》は、エンタープライズ号《ごう》を心《こころ》から愛《あい》している百戦練磨《ひゃくせんれんま》の宇宙戦士《うちゅうせんし》だ。

☆**武器《ぶき》＝**位相光線砲《いそうこうせんほう》、光子魚雷《こうしぎょらい》、分子内破場《ぶんしないはば》などの強力《きょうりょく》な兵器《へいき》を装備《そうび》している。

☆**敵《てき》＝ロムルス人《じん》**。ロムルス＝レムスという、一個《こ》の白色矮星《はくしょくわいせい》に相対《あいたい》して運行《うんこう》する双《ふた》つの惑星《わくせい》に住《す》む荒《あら》っぽい宇宙人《うちゅうじん》たち。

他《ほか》に、クリンゴン帝国《ていこく》の**ゴーン人《じん》**、トカゲのような宇宙《うちゅう》人《じん》で、プラネット・イーターなどの強力《きょうりょく》な宇宙兵器《うちゅうへいき》を使《つか》う。

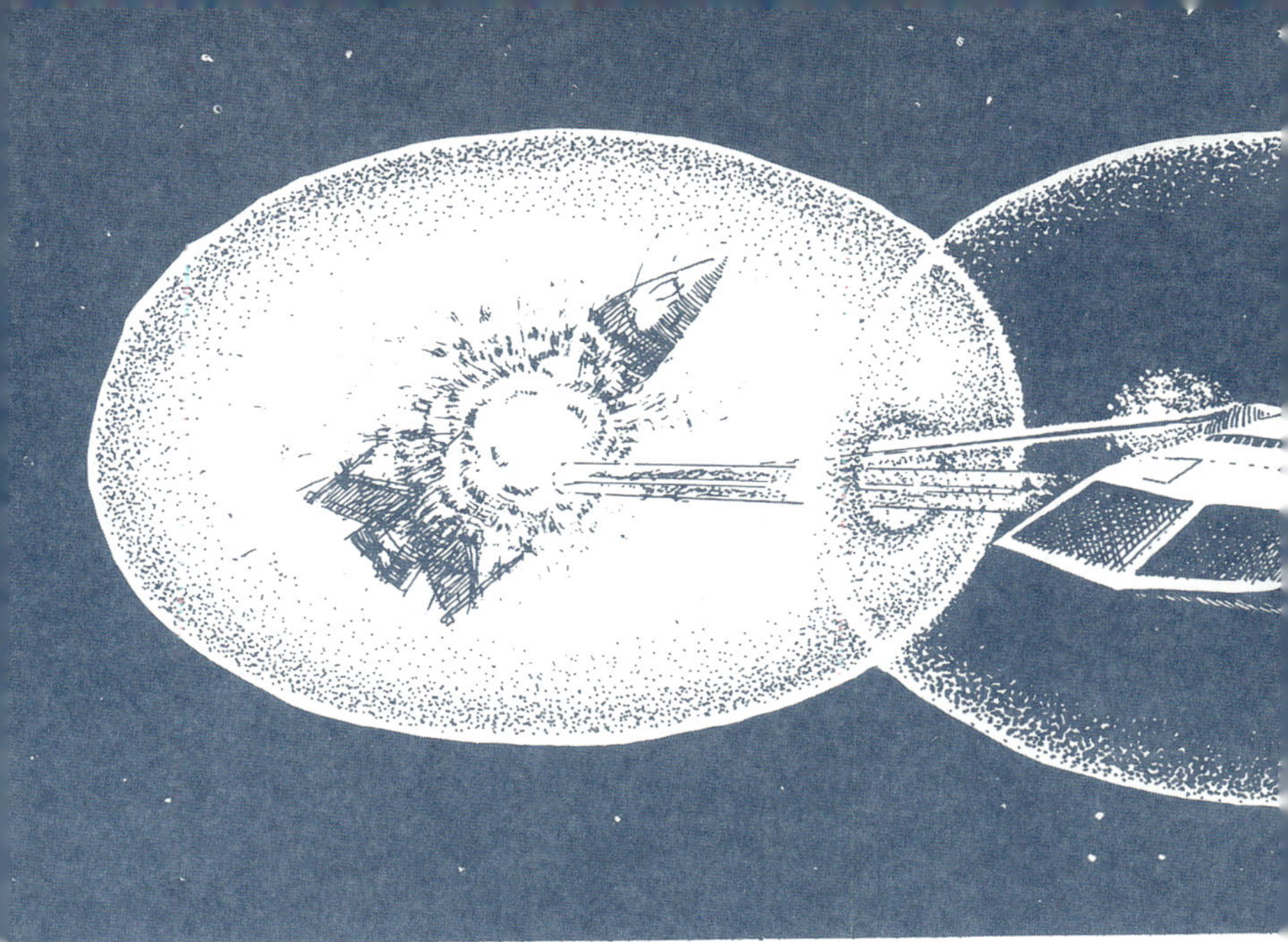

SF《エスエフ》ヒーロー名鑑《めいかん》

■**キムボール・キニスン**＝出身《しゅっしん》は、E《イー》・E《イー》・スミスの『レンズマン』シリーズ。

20億年《おくねん》のむかしから高度《こうど》な文明《ぶんめい》を持《も》っている**アリジア人**《じん》と、銀河《ぎんが》の征服《せいふく》をたくらむ攻撃的《こうげきてき》な時空間《じくうかん》の流《なが》れ者《もの》**エドア人**《じん》の宿命《しゅくめい》の対決《たいけつ》。そのアリジア人《じん》たちは、平和《へいわ》を守《まも》るために有望《ゆうぼう》な惑星《わくせい》を選《えら》ぶのだ。そして、そこの住民《じゅうみん》たちの知的能力《ちてきのうりょく》を高《たか》めていた。

なかでも地球《ちきゅう》におけるキニスン家《け》はよりすぐれた家《か》系《けい》であり、キムボール・キニスンこそアリジア人《じん》に選《えら》ばれた最強《さいきょう》の男《おとこ》なのである。

そして、アリジア人《じん》に選《えら》ばれた何万人《なんまんにん》もの勇士《ゆうし》たちが、その片腕《かたうで》につけているレンズ状《じょう》の物体《ぶったい》こそ、銀河《ぎんが》パトロール隊《たい》員《いん》〝レンズマン〟の身分証明《みぶんしょうめい》なのだ。レンズマンは地球人《ちきゅうじん》のみではなく、銀河系内《ぎんがけいない》の多《おお》くの惑星人《わくせいじん》たちからも選《えら》ばれる。竜《りゅう》に似《に》た**ヴェランシア人**《じん》やドラムカンのような**リゲル人**《じん》もメンバーだ。

☆**武器**《ぶき》＝レンズはテレパシー通信器《つうしんき》として使用《しよう》される。そのほか、Q砲《キューほう》、宇宙斧《うちゅうおの》、惑星《わくせい》ミサイルなどさまざまな、スペース・ウェポンが使《つか》われる。

☆**宇宙船**《うちゅうせん》＝超光速《ちょうこうそく》で航行《こうこう》するパトロール船《せん》**ブリタニア号**《ごう》と、後《のち》には**ドーントレス号**《ごう》が愛機《あいき》となる。

☆**敵**《てき》＝銀河《ぎんが》の征服《せいふく》に野望《やぼう》をもやす**エドア人**《じん》が最大《さいだい》の敵《てき》である。そして、彼《かれ》らの手先《てさき》となって悪《あく》の限《かぎ》りをつくす**ボスコーンの海賊**《かいぞく》たちがいる。

時空戦争《じくうせんそう》

もし、過去《かこ》や未来《みらい》を自由《じゆう》に往来《おうらい》できたとしたら、宇宙戦争《うちゅうせんそう》の作戦《さくせん》もすっかり変《か》わってくる。過去《かこ》に手《て》を加《くわ》えて**タイム・パラドックス**をおこせば、その世界《せかい》は消滅《しょうめつ》するかもしれないからだ。

そこで、**タイム・マシン**による敵《てき》の攻撃《こうげき》は、過去《かこ》のある時代《じだい》に向《む》けられることになる。

タイム・カメラ

タイム・パトロールの重要《じゅうよう》な装備《そうび》の一つがタイム・カメラだ。これは、自分《じぶん》たちの世界《せかい》のあらゆる過去《かこ》や未来《みらい》を自由《じゆう》に映《うつ》し出《だ》してくれるので、警備用《けいびよう》に欠《か》かせないものだ。

宇宙《うちゅう》が四次元的《よじげんてき》な地《じ》すべりをおこし、時間《じかん》の流《なか》れがスリップしてある地域《ちいき》が、過去《かこ》や未来《みらい》へ移動《いどう》してしまうことをいう。タイム・スリップは一種《しゅ》の、自然《しぜん》のタイム・マシンと考《かんか》えられる。

タイム・クラック

これに対《たい》して、各時代《かくじだい》に配置《はいち》され、自《みずか》らの過去《かこ》を守《まも》ろうとするのが**タイムパトロール**だ。そこに、時空《じくう》を越《こ》えたせい惨《さん》な戦《たたか》いがくり広《ひろ》げられる。

もし**タイム・ミサイル**による過去《かこ》への無差別攻撃《むさべつこうげき》が始《はじ》まったとしたら、その星《ほし》はもちろん、攻撃《こうげき》する側《がわ》の過《か》去《こ》にも変化《へんか》が及《およ》ぶかもしれない。

銀河大戦《ぎんがたいせん》の兵器《へいき》

転《てん》送《そう》爆《ばく》弾《だん》

↗ーンには銀河連邦の惑星基地が大爆発をおこす光景が映し出されている。これが、核爆弾《かくばくだん》を異次元《いじげん》を通《とお》して目標《もくひょう》に転送《てんそう》、破壊《はかい》する恐《おそ》るべき兵《へい》器《き》——転送爆弾《てんそうばくだん》だ!!

目標《もくひょう》の惑星《わくせい》がピタリとスクリーンに映《うつ》し出《だ》された。宇宙軍団《うちゅうぐんだん》の基地《きち》の転送機《てんそうき》が、不気味《ぶきみ》に赤《あか》いバリヤーを輝《かがや》かせて作動《さどう》し始《はじ》める。と，稲妻《いなづま》が走《はし》り転送機上《てんそうきじょう》の巨大《きょだい》な核爆弾《かくばくだん》がスーッと消《き》えていった。同時《どうじ》にスクリ↗

転送爆弾《てんそうばくだん》のしくみ

転送爆弾《てんそうばくだん》はワープ効果《こうか》を利用《りよう》している。このようにスペース・ウェポンは、ついに異次《いじ》元《げん》の世界《せかい》を自由《じゆう》に飛《と》びかって、いっそう威力《いりょく》を高《たか》めるようになる。

■転送爆弾《てんそうばくだん》のしくみ

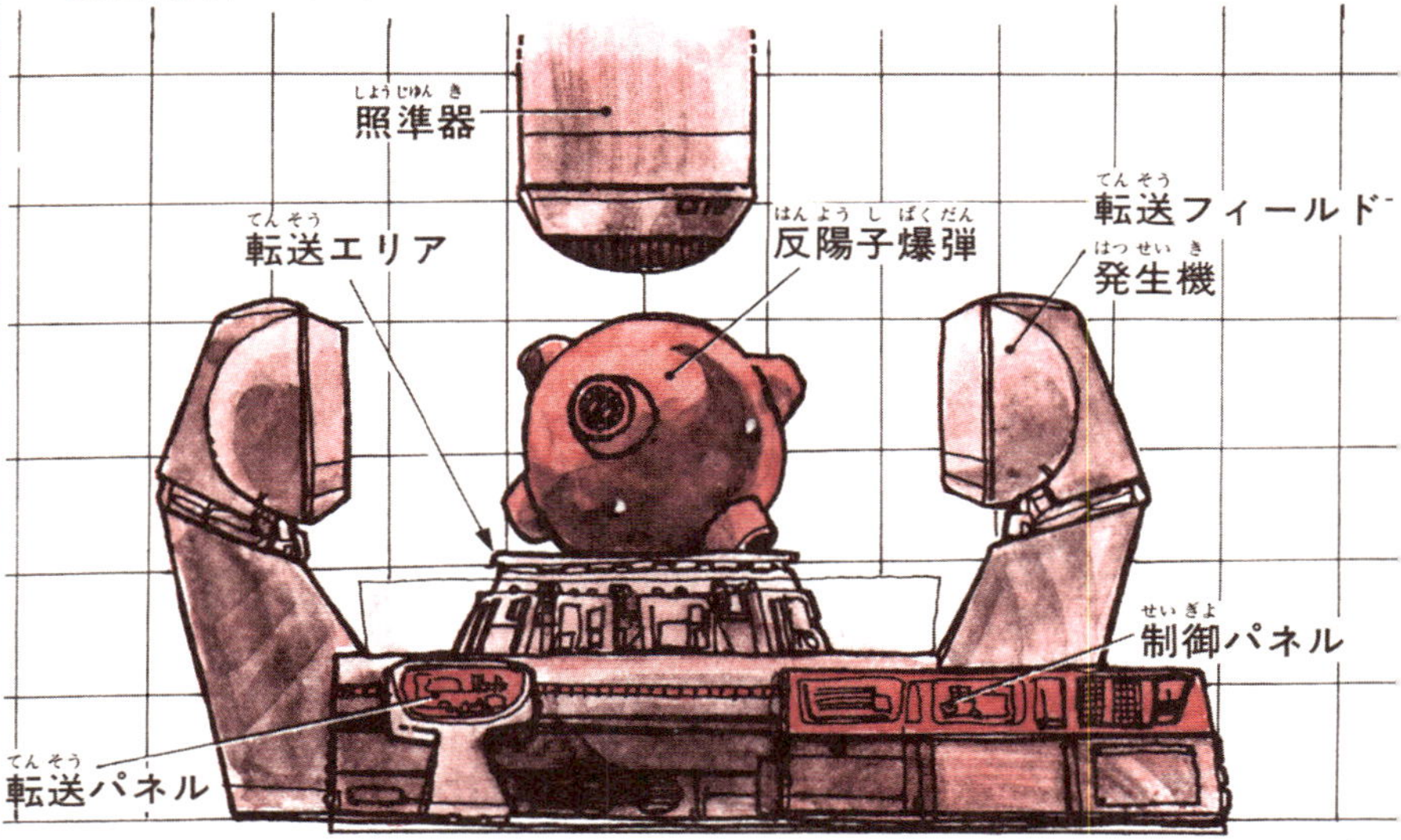

②爆弾《ばくだん》を超空間《ちょうくうかん》で転送《てんそう》する

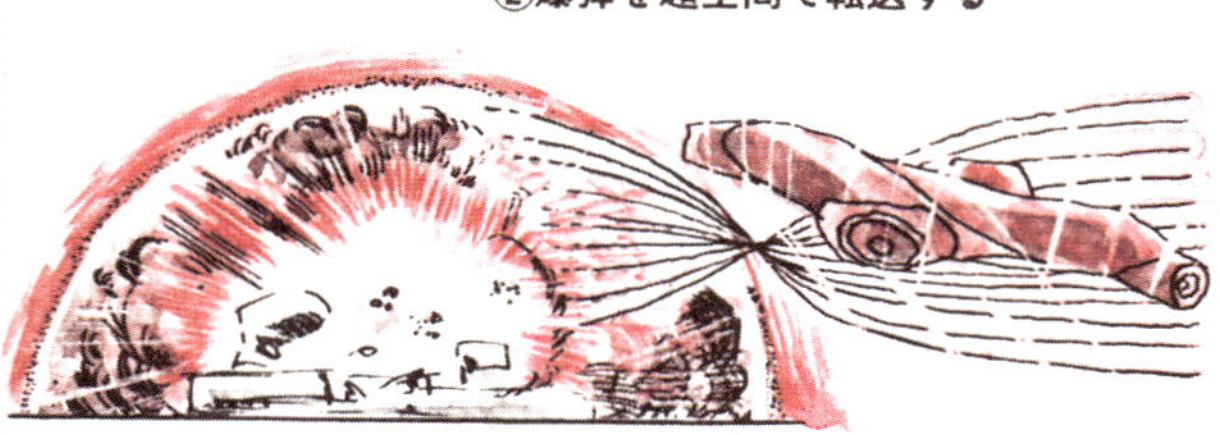

③敵基地《てききち》のバリヤー内《ない》で実体化《じったいか》する

①爆弾《ばくだん》をセットする

転《てん》送《そう》爆《ばく》弾《だん》とタイム・マシン

転《てん》送《そう》爆《ばく》弾《だん》は、異《い》次《じ》元《げん》空《くう》間《かん》を通《つう》じて、アッという間《ま》に目《もく》標《ひょう》物《ぶつ》を破《は》壊《かい》してしまうのだが、ところで、これをもう一《ひと》工《く》夫《ふう》して、時《じ》間《かん》の世《せ》界《かい》を自《じ》由《ゆう》に飛《と》べる兵《へい》器《き》**タイム・ミサイル**が考《かん》えられる。

タイム・マシンの原《げん》理《り》によって、このミサイルは、あらゆる過《か》去《こ》と未《み》来《らい》に破《は》壊《かい》の手《て》を伸《の》ばせるはずだ。しかし……!?

■タイム・パラドックス

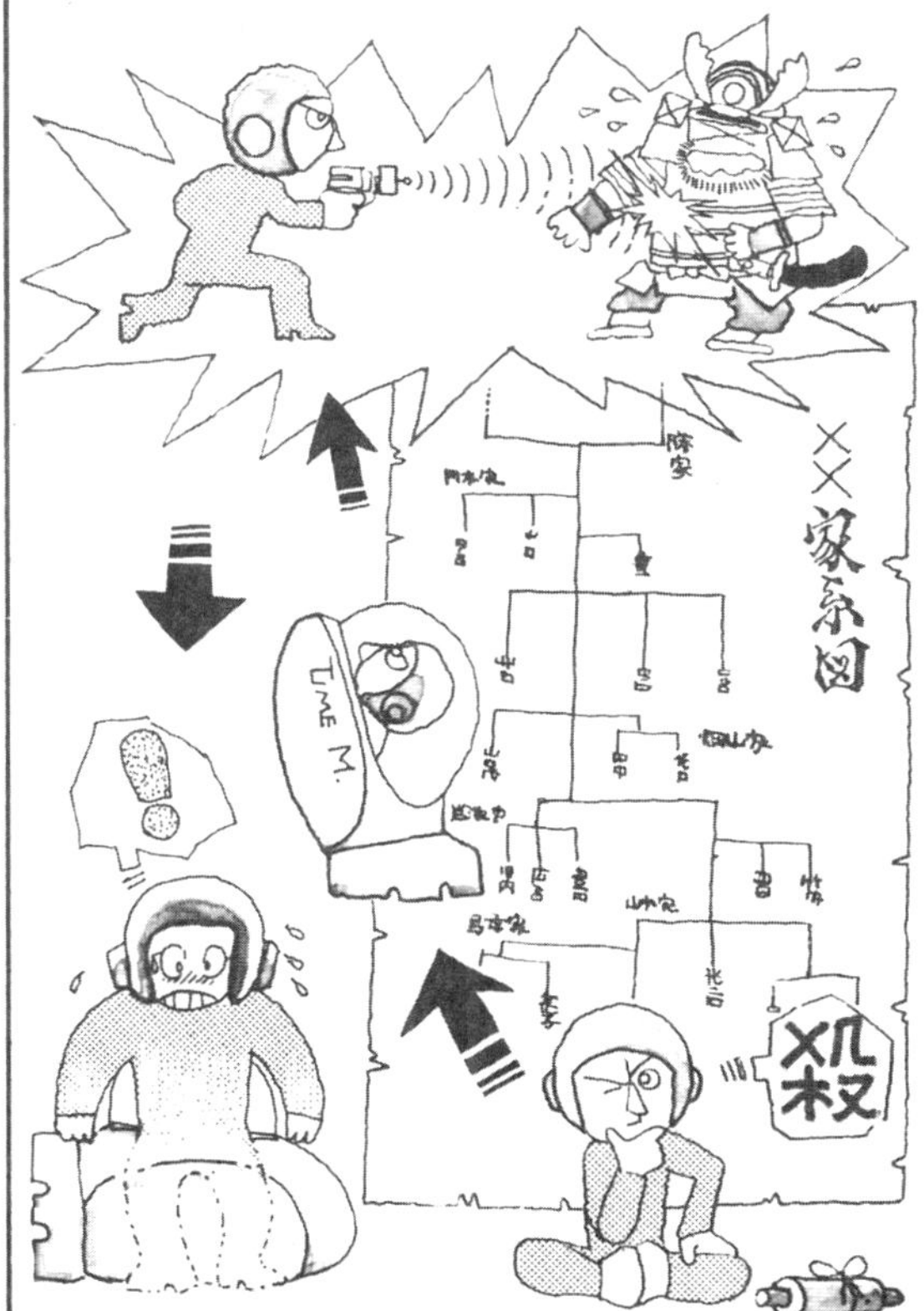

タイム・マシンには多《おお》くの危《き》険《けん》がある。例《たと》えば、過《か》去《こ》を変《か》えれば現《げん》在《ざい》も変《か》わってしまうかもしれない。もし、過《か》去《こ》のきみに変《へん》化《か》がおこれば、たちまち現《げん》在《ざい》のきみは消《しょう》滅《めつ》してしまう恐《おそ》れがある。それを**タイム・パラドックス**という。

有《ゆう》名《めい》なＳＦ《エスエフ》の話《はなし》がある。それはきみが過《か》去《こ》に行《い》って、もし先《せん》祖《ぞ》を殺《ころ》したらどうなるか。うまく行《い》けばきみは生《う》まれてこない。だから先《せん》祖《ぞ》を殺《ころ》しにいくことはできないはずだ。先《せん》祖《ぞ》が殺《ころ》されなければ、きみは生《う》まれてくる、そして……。

銀河《ぎんが》連邦《れんぽう》の最期《さいご》

遠《とお》い未来《みらい》、地球《ちきゅう》という一つの惑星《わくせい》社会《しゃかい》は消滅《しょうめつ》していた。そこに存在《そんざい》するのは、銀河系《ぎんがけい》をまとめて統治《とうち》する巨大《きょだい》な社会《しゃかい》だ。それが、銀河連邦《ぎんがれんぽう》である。理想的《りそうてき》な政治《せいじ》を行《おこな》っているこの連邦《れんぽう》に、敵対《てきたい》する勢力《せいりょく》などは、同《おな》じ銀河《ぎんが》系《けい》の中《なか》には現《あら》われなかった。平和《へいわ》な生活《せいかつ》を送《おく》る彼《かれ》らが武装《ぶそう》するのは、他《た》の銀河系《ぎんがけい》から凶悪《きょうあく》な宇宙軍団《うちゅうぐんだん》が侵略《しんりゃく》して来《き》た時《とき》だけだ。しかし、いったん戦争《せんそう》になった時《とき》の悲劇《ひげき》を知《し》る彼《かれ》らは、極力《きょくりょく》争《あらそ》いを避《さ》けようとする。

彼《かれ》らはよく知《し》っているのだ。果《は》てしない宇宙戦争《うちゅうせんそう》の末《すえ》に、消滅《しょうめつ》して行《い》った多《おお》くの銀河系《ぎんがけい》があったことを……。

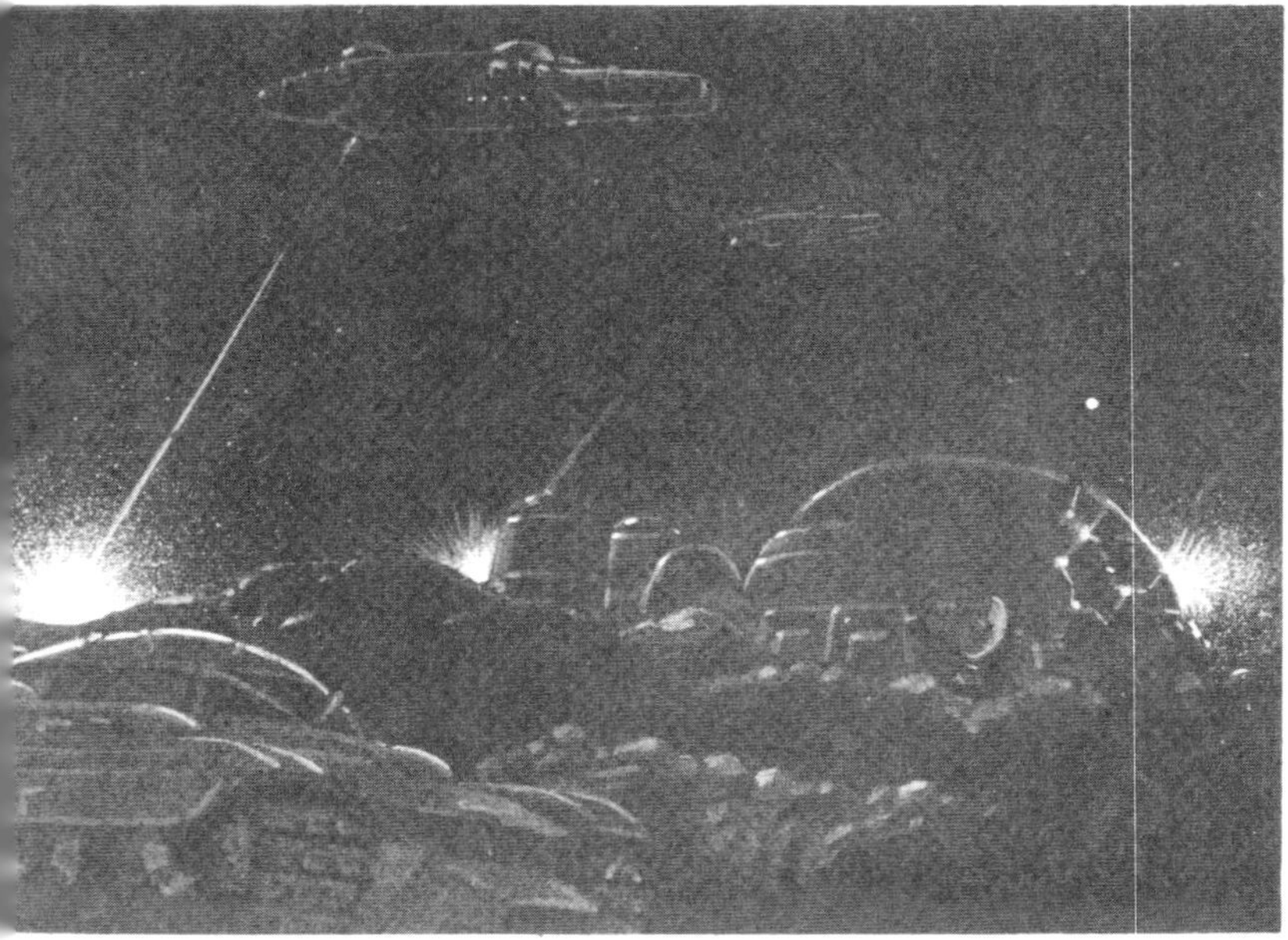

●銀河連邦《ぎんがれんぽう》が滅亡《めつぼう》する時《とき》!!

永《なが》い繁栄《はんえい》をほこった銀河連邦《ぎんがれんぽう》も、ついに避《さ》けることのできない銀河大戦《ぎんがたいせん》にまきこまれてしまった。侵略《しんりゃく》して来《き》た宇宙軍団《うちゅうぐんだん》との戦《たたか》いは死力《しりょく》を尽《つ》くして展《てん》開《かい》された。さまざまな恐《おそ》るべき**スペース・ウェポン**が入《い》り乱《みだ》れて、破壊《はかい》の日々《ひび》がつづいた。

そして、やがて全銀河系《ぜんぎんがけい》の生物《せいぶつ》という生物《せいぶつ》が死《し》に絶《た》える日《ひ》がやって来《き》たのである。しかし、それで銀《ぎん》河大戦《がたいせん》は終《お》わったわけではない。あとに残《のこ》されたロボット宇宙船軍団《うちゅうせんぐんだん》は、プログラムされたとおりに、なおも戦《たたか》いをつづけ、惑星《わくせい》という惑星《わくせい》を荒廃《こうはい》に導《みちび》いていくのであった。

さらに、主人《しゅじん》を失《うしな》ったコンピューターは、なおも新《あたら》しいスペース・ウェポンを製造《せいぞう》しつづけていくのだ。そうして完成《かんせい》する兵器《へいき》は、もはや想像《そうぞう》のできない程《ほど》の効果《こうか》を示《しめ》すにちがいない。そして、ついには恐怖《きょうふ》の最終兵器《さいしゅうへいき》が出現《しゅつげん》することになった。

死《し》をよぶ惑星破壊機《わくせいはかいき》

巨大《きょだい》な悪魔《あくま》の化身《けしん》のような宇宙軍団《うちゅうぐんだん》の宇宙船《うちゅうせん》は、か弱《よわ》いえものである連邦軍《れんぽうぐん》の惑星《わくせい》を、牽引《けんいん》ビームでしっかり捕《とら》えた。

逃《の》がれるすべもなく死《し》のおとずれを待《ま》つしかないあわれな惑星《わくせい》。

その時《とき》、宇宙船《うちゅうせん》の前面《ぜんめん》に地獄《じごく》を思《おも》わせる真黒《まっくろ》な口《くち》がパックリと開《ひら》いた。その中《なか》から音《おと》もなく惑星《わくせい》めがけて一本《ぽん》の光《ひかり》が走《はし》った。反陽子《はんようし》の光《ひかり》だ。それは、まるでナイフがバターを切《き》るようにその惑星《わくせい》を切《き》り刻《きざ》んでいった。

切《き》り刻《きざ》まれた惑星《わくせい》の破片《はへん》は、牽引《けんいん》ビームによって真黒《まっくろ》な口《くち》の中《なか》へすがたを消《け》していく。その物質《ぶっしつ》が宇宙船《うちゅうせん》のエネルギーに使《つか》われるのだ。この惑星破壊機《わくせいはかいき》が、ついには超最終兵器《ちょうさいしゅうへいき》にエスカレートする。

最終兵器《さいしゅうへいき》 ディスラプター

巨大《きょだい》な宇宙船《うちゅうせん》の先端《せんたん》から発《はっ》した何《なん》本《ぼん》もの光《ひかり》の帯《おび》は、まるで生《い》きた蛇《へび》のように宇宙空間《うちゅうくうかん》を走《はし》り出《だ》した。

一方《いっぽう》、コックピットのレーダーを見《み》つめる兵士《へいし》たちは、刻々《こくこく》と迫《せま》る運《うん》命《めい》のときを、緊張《きんちょう》の中《なか》でむかえようとしている。彼《かれ》らは自分《じぶん》たちの勝利《しょうり》とともに、恐《おそ》るべき結果《けっか》のおとずれを同時《どうじ》に予感《よかん》していた。

青白《あおじろ》い蛇《へび》たちは、しだいにその形《かたち》をくずし、大《おお》きな光《ひかり》の河《かわ》となって目《もく》標《ひょう》の宇宙空域《うちゅうくういき》へと向《む》かう。それは、敵《てき》の空域《くういき》そのものを破壊《はかい》して、消滅《しょうめつ》させる使命《しめい》を帯《お》びていた。

ディスラプター、それが冷《つめ》たい灰《グ》色《レイ》の金属《きんぞく》で作《つく》られた、宇宙処刑者《うちゅうしょけいしゃ》の名前《なまえ》だ。そして、これこそ銀河大戦《ぎんがたいせん》の勝敗《しょうはい》を決《けっ》する最終兵器《さいしゅうへいき》なのだ。

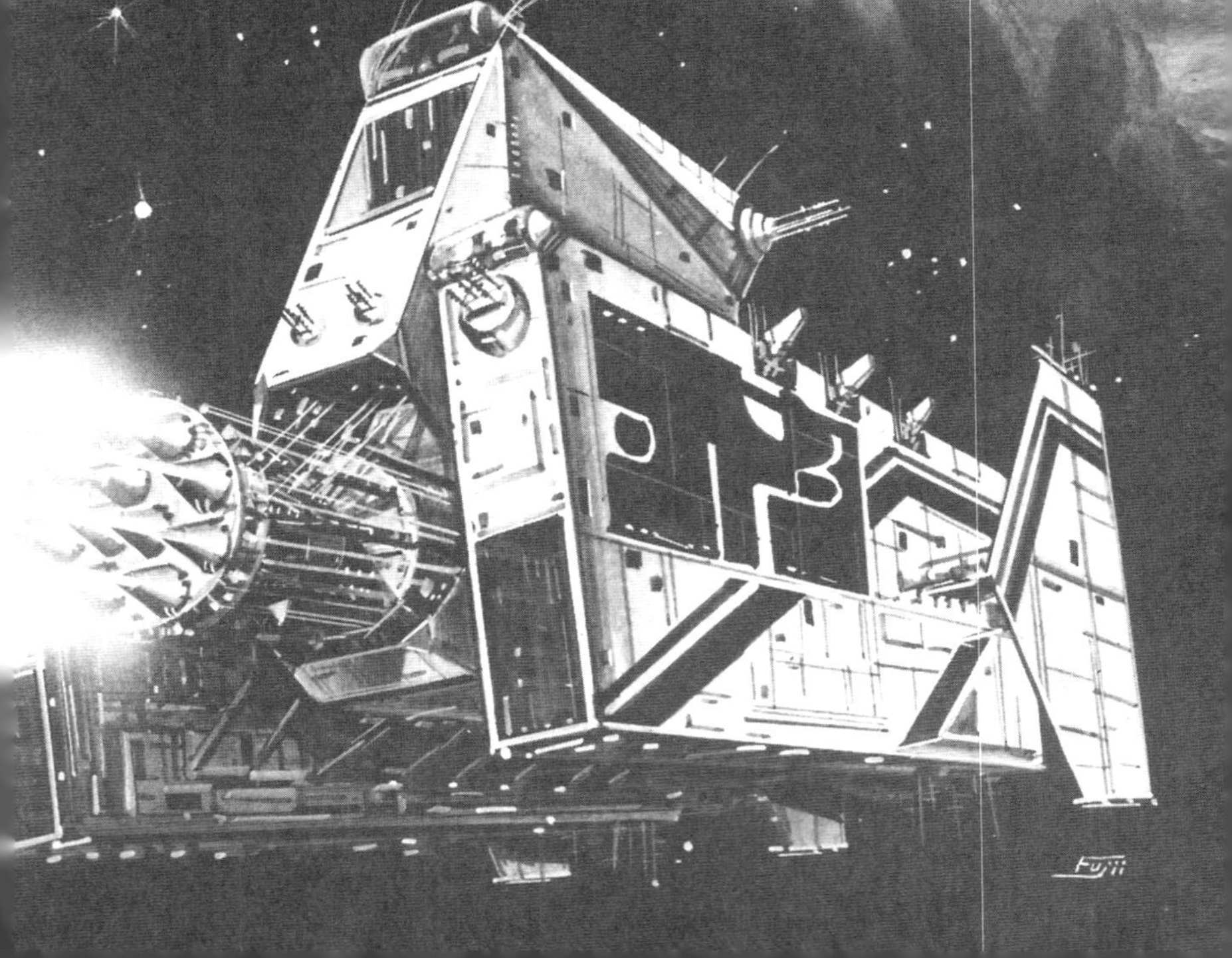

宇《う》宙《ちゅう》破《は》壊《かい》兵《へい》器《き》

★ディスラプター

これ以上《いじょう》の破壊力《はかいりょく》は考《かんが》えられないというのが、この**ディスラプター**だ。何《なに》しろ宇宙空間《うちゅうくうかん》の一部《ぶ》を破壊消滅《はかいしょうめつ》させてしまうというのだから、超《ちょう》スケールの兵器《へいき》といえるだろう。

では、どのようにして宇宙空間《うちゅうくうかん》を消《け》してしまうというのだろうか。

まず、巨大《きょだい》な宇宙船《うちゅうせん》に積《つ》んだディスラプターから、破壊《はかい》ビームが発《はっ》せられる。ただし、10パーセク（32光《こう》年以上《ねんいじょう》）は少《すくな》くとも離《はな》れていないと自分《じぶん》たちもあぶない!!

ビームは、まるでキリのように目《もく》標《ひょう》の宇宙空間《うちゅうくうかん》に穴《あな》をあけてしまう。

宇宙船《うちゅうせん》のレーダーには、黒点《こくてん》の広《ひろ》がりが映《うつ》し出《だ》される。兵士《へいし》の操作《そうさ》に

ディスラプターの操縦《そうじゅう》センター

目標《もくひょう》12パーセク
ディスラプター
ファイア!!

より、スイッチが切《き》られるまでその穴《あな》は広《ひろ》がりつづける。

　操作《そうさ》が打《う》ち切《き》られると、黒点《こくてん》の成長《ちょう》は止《と》まり、とたんにまわりの空間《くうかん》がそこに流《なが》れ込《こ》んでいく（すなわち、ブラック・ホールと同《おな》じだ）。その空間《くうかん》の穴《あな》は、多《おお》くの星々《ほしぼし》を次々《つぎつぎ》とのみ込《こ》んでいく。

　このように計《はか》り知《し》れない破壊力《はかいりょく》を持《も》っているディスラプターの大《おお》きさは、3メートル近《ちか》い円《えん》すい形《けい》の集《あつ》まりだ（実際《じっさい》には12本《ほん》）。その頂点《ちょうてん》に小《ちい》さな水晶《すいしょう》のような球《たま》が付《つ》いている。ここから破壊《はかい》ビームが投射《とうしゃ》されるのだ。

　また、想像《そうぞう》を絶《ぜっ》するほどエネルギーを食《く》う兵器《へいき》なので、台座《だいざ》にセットして、巨大《きょだい》な宇宙船《うちゅうせん》に積《つ》み込《こ》む必要《ひつよう》がある。

ディスラプターの機構《きこう》

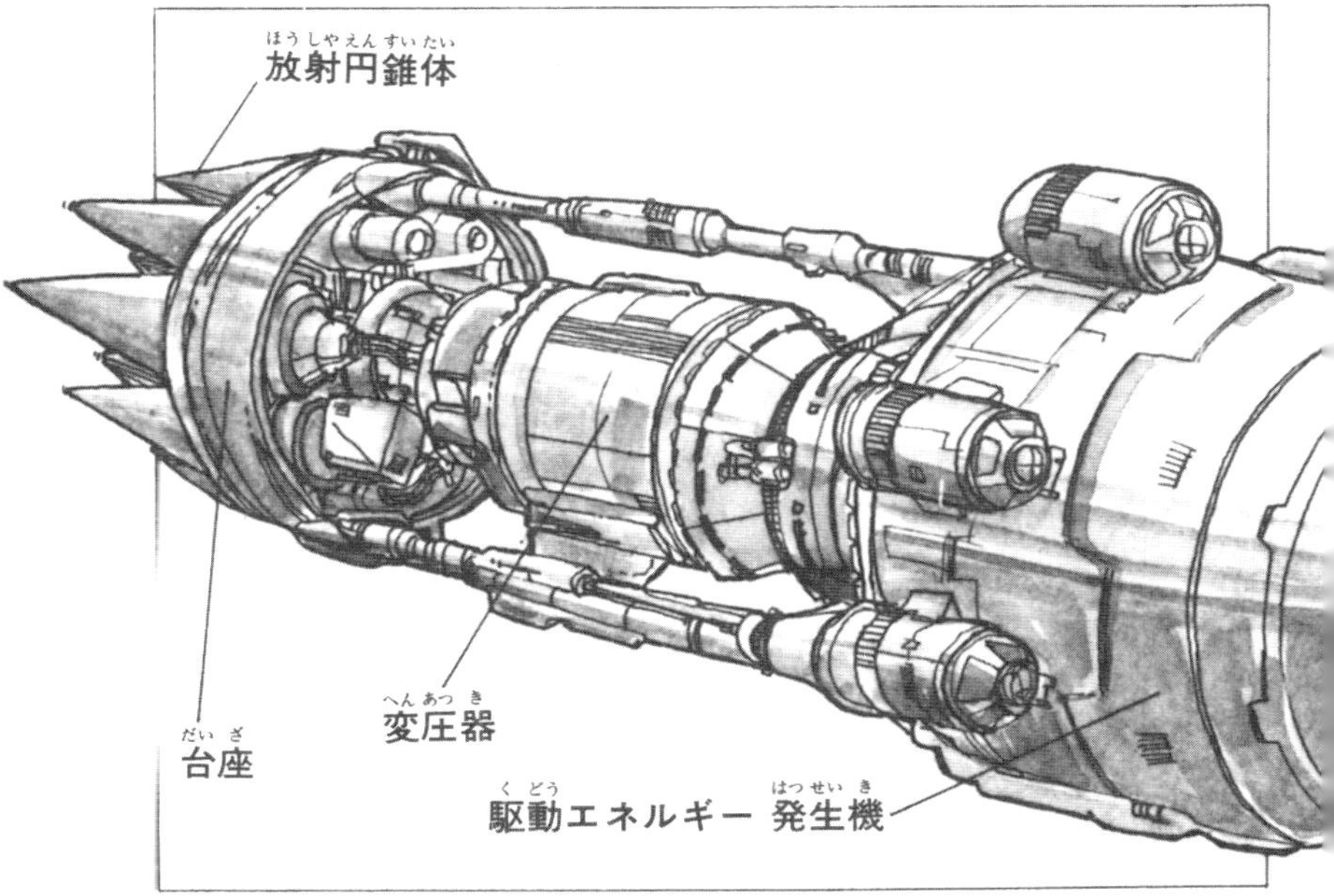

果《は》てしなき宇宙戦争《うちゅうせんそう》

火星《かせい》と木星《もくせい》との間《あいだ》に、軌道《きどう》をもったたくさんの小惑星群《しょうわくせいぐん》がある。これがアステロイドだ。その数《かず》は四〇〇以上《いじょう》もあるといわれている。

ここにはかつて第五惑星《だいごわくせい》が存在《そんざい》したといわれている。そして、何《なに》かの理由《りゆう》で粉々《こなごな》に砕《くだ》け散《ち》ったあとではないかとも考《かんが》えられている。

ひょっとして、遠《とお》い過去《かこ》に行《おこな》われた銀河連邦《ぎんかれんぽう》と宇宙軍団《うちゅうぐんだん》による宇宙戦争《うちゅうせんそう》の結果《けっか》かもしれない。

まるで無数《むすう》のアステロイドは、第五惑星《だいごわくせい》の運《うん》命《めい》を物語《ものがた》るように、そして、我々《われわれ》に宇宙戦争《うちゅうせんそう》の恐《おそ》るべき結果《けっか》を報《しら》せているかのように、いつまでも宇宙《うちゅう》に漂《ただよ》っているのだ——。

そして、キミが夜空《よぞら》を見上《みあ》げた時《とき》に異常《いじょう》な光《ひかり》を放《はな》つ星《ほし》が見《み》えたとしたら、それは遠《とお》い宇宙《うちゅう》の果《は》てで、今《いま》もなお宇宙戦争《うちゅうせんそう》がつづけられているのかもしれないゾ——!!

PART1／大《おお》いなる宇宙《うちゅう》の果《は》てまで 7

宇宙《うちゅう》にはばたく——スペース・シャトル——8
宇宙《うちゅう》ステーションの危機《きき》……12
宇宙《うちゅう》を征服《せいふく》するロケット……14
進《すす》め!!宇宙《うちゅう》ロケット部隊《ぶたい》……16
行《い》け!!ラム・ジェット……20
スペース・コロニー大計画《だいけいかく》……22
リングワールド……28
数字《すうじ》でみるビックリ大宇宙《だいうちゅう》……30
これだけは知《し》っておこう／宇宙《うちゅう》メモ……32
アッという間《ま》の宇宙旅行《うちゅうりょこう》……34
大宇宙《だいうちゅう》の神秘《しんぴ》——暗黒星雲《あんこくせいうん》……38
恐怖《きょうふ》!!宇宙船《うちゅうせん》の墓場《はかば》……40
宇宙《うちゅう》のおとし穴《あな》ブラック・ホール……42
脅威《きょうい》!!宇宙海賊《うちゅうかいぞく》……46
守《まも》れ!!宇宙《うちゅう》の正義《せいぎ》を……48
見知《みし》らぬ星《はし》の下《もと》で……52

PART2／惑星間大戦争《わくせいかんだいせんそう》 55

危《あや》うし!!宇宙基地《うちゅうきち》……56
重力等化機《じゅうりょくとうかき》……58
スペース・ガン……60
必死《ひっし》の攻防《こうぼう》!!惑星基地《わくせいきち》の激戦《げきせん》……64
これが宇宙軍団《うちゅうぐんだん》の侵略兵器《しんりゃくへいき》だ……66
宇宙斧《うちゅうおの》……68
瞬間物質転送星間空港《しゅんかんぶっしつてんそうせいかんくうこう》……70
SFが3倍楽《ばいたの》しくなる
SFものしりカタログ……72
エネルギー・スクリーン……74
決戦《けっせん》!!宇宙軍団《うちゅうぐんだん》……80
絶対零度《ぜったいれいど》が襲《おそ》う!!……82
恐怖《きょうふ》のバーサーカー……86
破壊《はかい》ビームのすべて……88
サイボーグ兵団《へいだん》……90
超《ちょう》ロボット軍団《ぐんだん》……92
惑星基地《わけせいきち》を潰《つぶ》せ……94
惑星間《わくせいかん》ミサイル大作戦《だいさくせん》……96
惑星間戦争《わくせいかんせんそう》の終結《しゅうけつ》……100

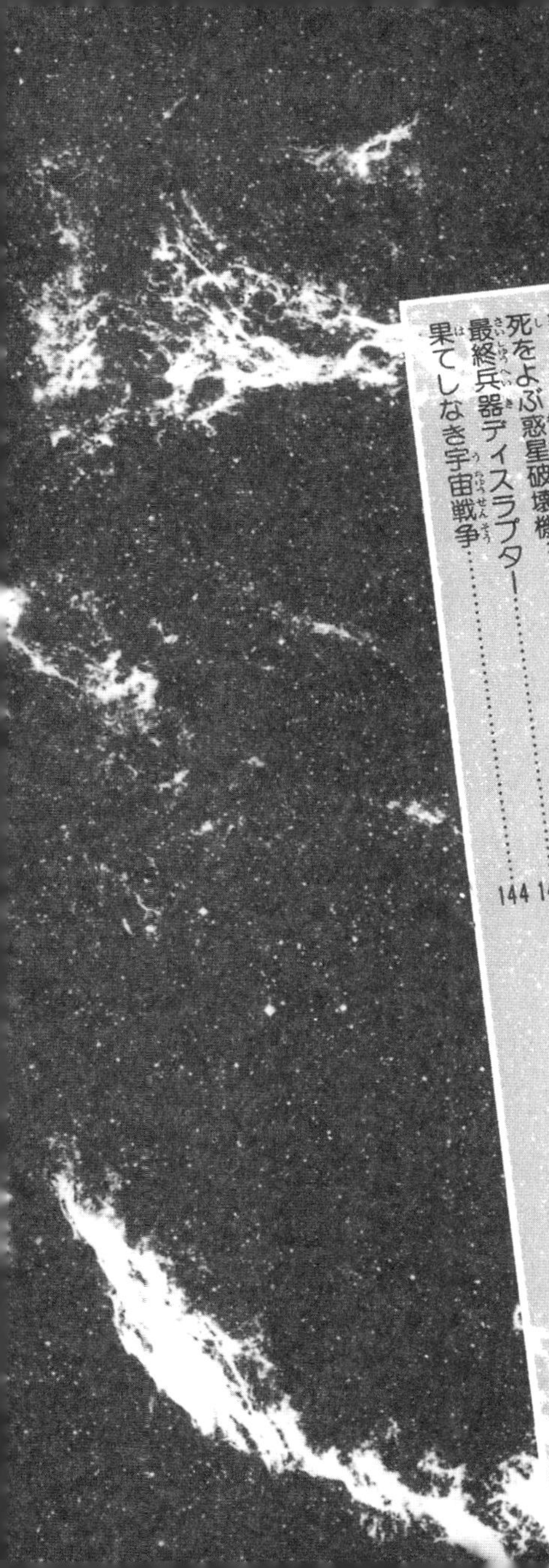

PART3／銀河大戦《ぎんがたいせん》 103

惑星爆弾《わくせいばくだん》……104
反物質爆弾《はんぶっしつばくだん》……108
宇宙《うちゅう》をのみこむブラック・ホール・ミサイル!!……112
激突《げきとつ》!!銀河大戦《ぎんがたいせん》……116
プロトン・ビーム砲《ほう》……118
ナゾの擬似太陽《ぎじたいよう》……122
銀河連邦《ぎんがれんぽう》のしくみ……126
Q砲《キュウほう》……128
時空戦争《じくうせんそう》……130
転送爆弾《てんそうばくだん》……132
銀河連邦《ぎんがれんぽう》の最期《さいご》……136
死《し》をよぶ惑星破壊機《わくせいはかいき》……138
最終兵器《さいしゅうへいき》ディスラプター……140
果《は》てしなき宇宙戦争《うちゅうせんそう》……144

■監修《かんしゅう》／小隅《こずみ》　黎《れい》

■イラスト／小井土繁《こいどしげる》
澤田《さわた》　賢《けん》　藤井康文《ふじいやすふみ》
つだかつみ　藤森《ふじもり》　久《ひさし》

■写真《しゃしん》／オリオンプレス
学研《がっけん》

■取材協力《しゅざいきょうりょく》／宇宙塵《うちゅうじん》
山岡謙／志水一夫／星敬
関口雅弘／斉藤いずみ

ジャガーバックス

SF宇宙戦争大図鑑

本書についてのご意見ご質問は「ジャガーバックス編集部あてお送り下さい。

監修者 小隅 黎
発行者 下野 博
発行所 株式会社 立風書房
東京都品川区東五反田○の○の○
〒141 電話・東京(○○○)○○○○代表
振替 東京0−00000
印刷所 株式会社 図書印刷

※初版刊行当時の奥付を再録しました

※初版刊行当時の広告で、現在有効ではありません

SF宇《う》宙《ちゅう》戦《せん》争《そう》大《だい》図《ず》鑑《かん》
〈復刻版〉

2016年 1月 30日 初版発行

監　修　小隅 黎

発行者　左田野渉

発行所　株式会社復刊ドットコム
〒105-0012 東京都港区芝大門2-2-1 ユニゾ芝大門2丁目ビル
電話：03-6800-4460（代） http://www.fukkan.com/
印　刷　図書印刷株式会社

協　力　学研プラス／小井土繁／藤井康文
つだかつみ／澤田賢／宇宙塵事務局

※本書は、1979年に立風書房より刊行された「宇宙戦争大図鑑」を底本として復刊いたしました。

※関係者の中に、一部連絡の取れない方がいらっしゃいました。お心当たりの方は、大変お手数ですが、復刊ドットコム・編集部までご一報下さい。

※本書に収録した文章、イラストの中には、今日の人権意識に照らしあわせて、不当・不適切な語句や表現を含むものもありますが、作品の書かれた時代的背景を考慮し、そのままといたしました。

 Printed in Japan ISBN978-4-8354-5294-4 C0076

ジャガーバックスシリーズ復刊に関する情報ご提供のお願い

弊社では立風書房から出版されていたジャガーバックスシリーズの復刊活動を行っています。皆様の中で、当時のご関係者、ご執筆者等、何らかの情報をご存知の方がいらっしゃいましたら、恐れ入りますが、編集部までご連絡いただけますと幸いです。